本书受到西北民族大学民族学"双一流"引导专项、甘肃省哲学社会科学重大研究基地"民族地区经济社会发展研究中心"、中央高校基本科研业务费创新团队项目（31920190009）以及国家民委中青年英才计划（〔2018〕98号）的资助。

西北地区产业变迁与城市化发展研究

马子量 著

中国社会科学出版社

图书在版编目（CIP）数据

西北地区产业变迁与城市化发展研究/马子量著 . —北京：中国社会科学出版社，2020.6
ISBN 978-7-5203-6579-6

Ⅰ.①西… Ⅱ.①马… Ⅲ.①西北地区—产业发展—研究 ②西北地区—城市化—研究 Ⅳ.①F062.9 ②F299.274

中国版本图书馆 CIP 数据核字（2020）第 092827 号

出 版 人	赵剑英
责任编辑	刘晓红
责任校对	周晓东
责任印制	戴　宽
出　版	中国社会科学出版社
社　址	北京鼓楼西大街甲 158 号
邮　编	100720
网　址	http://www.csspw.cn
发 行 部	010-84083685
门 市 部	010-84029450
经　销	新华书店及其他书店
印刷装订	北京君升印刷有限公司
版　次	2020 年 6 月第 1 版
印　次	2020 年 6 月第 1 次印刷
开　本	710×1000　1/16
印　张	12.25
插　页	2
字　数	165 千字
定　价	69.00 元

凡购买中国社会科学出版社图书，如有质量问题请与本社营销中心联系调换
电话：010-84083683
版权所有　侵权必究

目 录

第一章 导论 ... 1
第一节 选题背景与研究意义 ... 1
第二节 主要研究内容、方法及思路 ... 4
第三节 研究时期的界定 ... 6
第四节 存在的创新和不足 ... 8

第二章 文献综述与理论基础 ... 11
第一节 国内外相关研究综述 ... 11
第二节 主要理论基础 ... 39
本章小结 ... 48

第三章 西北地区产业变迁进程分析 ... 49
第一节 西北地区产业结构演变 ... 49
第二节 西北地区产业变迁的空间演变分析 ... 55
第三节 西北地区产业体系分析 ... 59
本章小结 ... 67

第四章 西北地区城市化发展进程分析 ... 70
第一节 西北地区整体城市化水平 ... 70

第二节　西北地区城市化空间演变 …………………………… 76

　　第三节　西北地区城市体系结构演变 …………………………… 79

　　本章小结 ………………………………………………………… 91

第五章　产业变迁驱动下的西北地区城市化发展 ……………………… 92

　　第一节　产业就业视角下的西北地区城市化发展 ……………… 92

　　第二节　空间视阈下西北地区产业变迁中的城市化
　　　　　　演变 …………………………………………………… 109

　　本章小结 ………………………………………………………… 121

第六章　西北地区城市化发展对产业变迁的回馈分析 ………………… 122

　　第一节　西北地区城市化发展中的产业结构演变 …………… 122

　　第二节　西北地区城市化发展中的产业升级 ………………… 137

　　本章小结 ………………………………………………………… 149

第七章　西北地区产业变迁与城市化发展的互动与协调 ……………… 150

　　第一节　西北地区产业变迁与城市化发展互动关系 ………… 150

　　第二节　西北地区产业变迁与城市化发展协调度分析 ……… 159

　　本章小结 ………………………………………………………… 169

第八章　研究结论及对策建议 …………………………………………… 170

　　第一节　主要研究结论 ………………………………………… 170

　　第二节　对策建议 ……………………………………………… 174

　　第三节　研究展望 ……………………………………………… 179

参考文献 …………………………………………………………………… 180

第一章 导论

第一节 选题背景与研究意义

产业变迁与城市化发展是经济增长的两个重要特征与驱动力，对于区域经济发展具有重要意义，对于二者的研究一直以来都是经济学界的热点，其中对于产业变迁与城市化发展之间的相互作用与相互联系，更是学术界研究的重点所在。特别是在中国正在经历史无前例的巨大规模城市化和产业升级转型的今天，这方面的研究更是日益凸显其重要性和迫切性。对于产业发展滞后、城市化程度较低的西北地区来说，如何利用二者间的相互影响有效推动区域均衡发展更是值得关注与研究的课题。

一 选题背景

产业变迁和城市化发展是经济增长过程中资源优化配置的必然趋势，学术界对于产业变迁和城市化发展的规律、机理、影响等方面进行了详尽的研究，发现二者在发展过程中存在相互联系和相互作用，产业变迁在不断推动城市化发展的同时，城市化发展也对产业变迁起到了反馈和促进，此后学术界对二者间存在的交互机理和影响从多重视角进行了分析，形成了丰硕的成果。尤其是在世界范围的工业化和城市化进程启动后，伴随着产业经济和城市规模的不断扩张，国内外学术界对此也进行了深入的分析和总结，并利用国际经验不断深化和提炼相关理论，对于产业变迁和城市化发展的研究做出了极大的贡献。

中国在改革开放后，市场经济体制的建立极大地提升了经济资源的活力和流动性，伴随着各项制度的不断革新，产业变迁和城市化发展带来了快速的经济增长，国内学术界也对二者进行了深入的研究，并在比对国际经验的基础上得出了中国产业变迁和城市化发展的特征。进入21世纪后中国城市化发展进入了高速发展时期，而产业变迁也体现了经济发展新阶段的特征和困境，学术界也逐渐对中国经济发展过程中二者存在的种种关联进行了梳理和归纳，并借鉴了国际发展中的规律不断充实和完善着相关理论，当然在此过程中存在中国是否能套用国际经验的争议，但不可否认的是在任何国家和地区虽然在产业变迁和城市化发展中存在诸多的特点和差异，产业变迁与城市化发展都是一个有机结合的过程，同时二者间存在多种交互作用，并对二者自身增长形成了重要的影响；对于中国产业变迁和城市化发展来说也是如此，这是被国内学术界广泛认可的，在此基础上，学术界进一步明晰了产业变迁与城市化发展间的关系，利用不同视角对二者间交互影响进行了深入的研究。

西北地区地域广袤、资源丰富，历来在国家政治、经济、文化中占据着重要的地位，但是自然禀赋、历史积累和发展战略等多方面因素造成了西北地区经济发展滞后，这在一定程度上加深了中国区域经济发展的不平衡性，也为中国实现整体有序的产业变迁和城市化发展带来了新的考验。产业发展落后和城市化水平较低是西北地区经济发展滞后的直接表现，产业发展的滞后体现为产业结构水平较低、产业层次不高等方面，城市化程度较低体现为城市化水平不高、城市人口规模分布不均衡等方面，二者均与全国其他区域存在一定的差距，同时西北地区产业变迁和城市化发展也由于自身的区情存在特殊性，经济发展水平的落后、发展战略的导向和自然资源的密集分布等方面决定了西北地区产业变迁和城市化发展与其他区域是相迥异的。目前相关研究多集中于全国和发达地区的产业变迁和城市化发展及其关系，对欠发达地区尤其是西北地区的针对性研究较少，所以如何把握西北地区产业变迁和城市化发展的现状、趋势和内在特殊性，利用二者相互间的交互作用促进其自身乃至西北地区经济水平的发展是值得深入研究的。

二 研究意义

由于产业变迁和城市化发展对于区域经济发展有着重要的促进作用，对于产业变迁和城市化发展及二者间关系的研究已经取得了丰硕的成果。国内外学者对于产业变迁和城市化发展在结合国际经验和国内现状的基础上以不同角度进行了深入的研究，构建了相对完善的理论体系，但是相关研究中大多以产业变迁和城市化发展较为发达的区域为研究对象，由于其发展历程较为成熟，所以从中总结和归纳出相关的研究论点更具有代表性和普遍性，但是对欠发达区域的研究相对较少，通过相关理论体系对欠发达区域产业变迁和城市化发展历程及其二者关系的研究，可以对产业变迁和城市化发展的规律和模式进行补充和完善，具有一定的理论意义。同时从另外一个角度来看，由于中国长期以来实施的区域非均衡发展战略虽促成了经济发展水平的不断提高，但区域间经济差距也日益拉大，对欠发达区域产业变迁与城市化发展进行研究的最终目的是促成欠发达区域的经济进一步增长，从而实现区域间经济均衡增长的局面，这一研究一定程度上可以对区域经济学中的均衡发展理论提供一些借鉴和参考。

进入21世纪以来，中国城市化进程的加速增长成为中国经济发展的重要引擎，城市化发展也已被作为促进未来经济发展的重要战略之一，但是城市化发展呈现出较大的区域非均衡性，以西北地区为代表的欠发达区域城市化水平是较低的，在加速城市化发展的同时如何推动城市化的区域均衡发展，是中国未来城市化发展的重要内容之一。同时，中国在经济发展中的产业变迁虽取得了长足进步,但产业布局不均衡、产业升级转型困难等诸多问题制约着产业的进一步发展,作为欠发达区域的西北地区这一问题更为突出,产业结构的单一化、产业升级迟缓等因素制约了西北地区区域经济的进一步发展,如何通过培育自身产业发展能力不断推动产业变迁成为西北地区经济发展的重要内容。在西北地区产业变迁和城市化发展不断推动经济发展的过程中,如何通过对二者发展进程的分析进而把握其发展规律及趋势,并在对二者相互间作用进行实证分析的基础上归纳出二者间的影响机理,从而找到促进西北地区产业变迁与城市化发展相互推动、相互促进的协调发展之路,对于西北地区区域经济发展具有重要的现实意义。

第二节　主要研究内容、方法及思路

一　研究内容

本书以西北地区经济发展过程中的产业变迁和城市化发展为研究对象,在文献整理和理论分析基础上,通过对西北地区产业变迁和城市化发展历程的回顾和比较,把握二者的发展规律、内在特点以及未来趋势,同时分别对二者间的相互作用进行了实证分析,进而研究了二者的互动和协调关系,最后以理论和实证分析为基础提出了促进西北地区产业变迁和城市化发展的措施建议。其中主要研究内容如下:

第一部分为文献综述和理论分析,主要通过经济学相关理论和国内外相关研究,分别对产业变迁、城市化发展以及二者关系的相关理论进行了梳理,为全书奠定理论分析框架和基础。

第二部分以产业变迁和城市化发展的相关理论分别对2005—2012年西北地区的产业变迁和城市化发展历程进行了分析,通过与一般经验模式和全国水平的对比得出西北地区产业变迁和城市化发展的规律和特征,为下一步二者间关系的研究打下基础。

第三部分主要研究了西北地区产业变迁对城市化发展的影响，通过产业就业视角分析了西北地区城市化发展水平滞后的原因和影响因素，同时结合空间视角分析了西北地区产业变迁中产业集聚对城市人口空间分布以及产业结构变动对城市体系规模结构的影响，并对其进行了归纳和解释。

第四部分以集聚经济为视角研究了西北地区城市化发展对产业变迁的影响，以空间计量经济学方法为基本手段，分别研究了城市化发展对西北地区产业结构演变和产业升级的反馈效应，同时对其影响路径和影响范围进行了实证分析。

第五部分在西北地区产业变迁与城市化发展具有相互作用的研究基础上，进一步利用面板向量自回归模型对二者间的互动关系进行了总结，同时提出要有效利用二者间的互动效应推动西北地区产业变迁和城市化发展乃至经济发展，首先要保证产业变迁与城市化发展之间存在协调关系，进一步建立二者间协调度的综合评价体系，对西北地区的产业变迁与城市化发展的协调性进行了分析，并得出了相关结论。

第六部分在理论和实证分析的基础上，进一步提炼了西北地区产业变迁与城市化发展研究中的主要观点，并以此为基础提出了促进西北地区产业变迁与城市化发展的对策建议。

二 研究方法

在本书的研究中利用区域经济学、城市经济学、产业经济学、经济地理学、计量经济学、空间统计学等多学科的理论观点和方法，结合相关区域的研究数据，采用理论分析和实践研究、文献研究和比较研究、实证分析和规范分析、定性分析和定量分析相结合的研究方法对西北地区产业变迁和城市化发展进行了多维视角的分析。通过文献整理对相关代表性研究的观点和结论进行了归纳，结合多学科理论梳理了研究体系和框架，以期为研究工作奠定坚实的理论基础；通过实证分析和规范分析，利用对比分析和空间统计学方法总结了西北地区产业变迁和城市化发展的历史进程,以期准确把握西北地区产业变迁和城市化发展的整体现状、内在结构和发展趋势;通过计量经济学、空间统计学和空间计量经济学方法对西北地区产业变迁和城市化发展的相互作用进行了分析,以期对二者间在整体水平、发展态势、空间布局、内在提升等方面的关系进行把握;利用计量经济学方法对西北地区产业变迁和城市化发展间的互动关系及协调发展程度进行了分析,以期对二者间互动关系的主要体现和协调发展的内在影响进行准确把握和分析;利用理论和实践结合的方法,提出了促进西北地区产业变迁和城市化发展的对策建议,以期能得出客观可行的西北地区产业变迁与城市化发展的协调共生之路。

三 研究思路

本书沿循着"问题的提出—问题的分析—问题的解决"的基本思路,其中以问题的分析为重点内容,共分为八章,具体研究思路和章节分布如图1-1所示。

第三节 研究时期的界定

产业变迁和城市化发展均为经济增长中的长期进程,一般的相关研究中均依托较长时期内的二者变化对其进行深入分析,才能较好地把握二者的发展规律及特征,但在本书中除分别对二者的变动进行分析之外,更多的工作注重于西北地区产业变迁与城市化发展间存在的相互关系,就产业变迁与城市化发展间的关系笼统来说存在于两个方面。其一,区域产业变迁过程中的产业结构演变与产业集聚会导致区域人口产生乡—城流动,这也意味着城市人口数量的变化,所以产业变迁对城市化发展的影响体现为城市中就业和生活的人口占总人口的比重在不断上升,也即城市化水平的提升。其二,城市化发展对产业变迁中的产业结构演变和产业升级有着推动

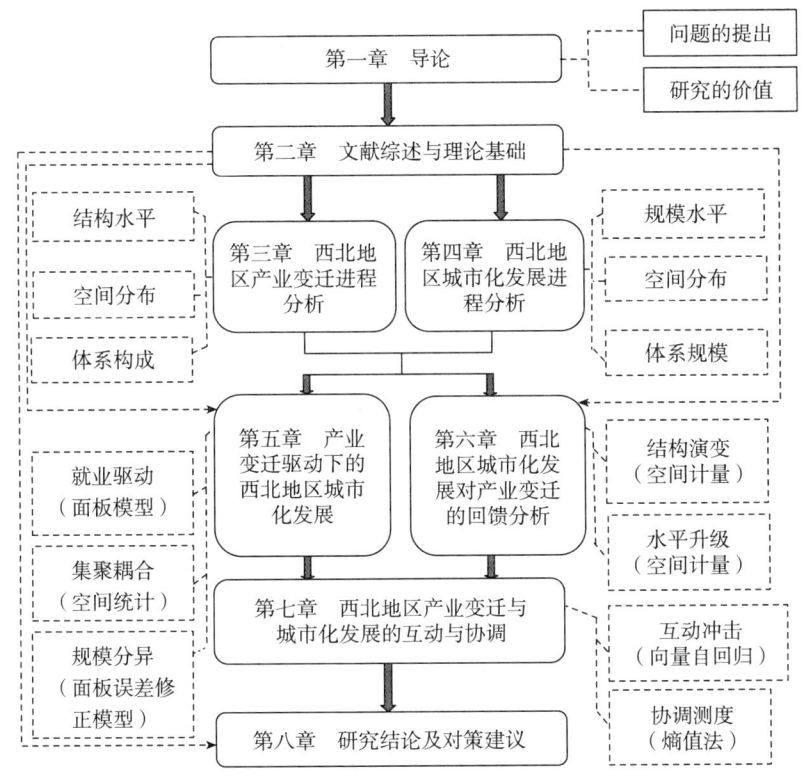

图 1-1 研究思路及章节安排

作用，而这一推动作用更多依托于城市人口扩张的规模效应和集聚效应。显然在上述关系的研究中，对于城市人口的界定至关重要，而对城市化人口的统计存在两种方式，分别为户籍标准和常住标准，分别以户籍所在地和实际居住地口径统计城市人口数量。由于中国存在大量的流动人口，流动人口虽在城市就业和生活，但由于户籍不属于所在城市而未被统计列入该城市人口之中，仍被统计列入户籍所在地人口，而城市常住人口统计以居住地为准，真实反映了城市中实际就业和生活的人口数量变化。显然在以上研究中采用城市常住人口指标进行分析更为合理，更能真实地测度和把握二者间的相互作用。由于中国以常住标准统计城市人口数量始于2005年，2005年之前均以户籍标准统计城市人口，所以本书将研究时期起点确定为 2005 年，这能在一定程度上保证研究工作的可信度。

另一方面，本书研究的主要目的是通过西北地区产业变迁与城市化发展间相互作用的分析，进而把握西北地区二者间的互动关系，试图依托二者间相互关系寻找促进二者共同发展的路径，为推动西北地区产业变迁和城市化发展提供借鉴。就此来看，以近年来的西北地区产业变迁和城市化发展状况为出发点进行分析具有一定的合理性，因为伴随着西部大开发、城镇化战略等经济政策的执行，西北地区产业变迁和城市化发展出现了与早期缓慢增长迥异的快速进程，而根据其他经济区域的发展经验，西北地区产业变迁和城市化发展尚处于起步阶段，未来还将继续保持快速增长势头，所以以最近时期内的西北地区产业变迁和城市化发展状况为依托，对其进行深入分析之后找出西北地区二者间共同发展之路，更符合经济发展的现实。

综上所述，将西北地区产业变迁与城市化发展的研究时期起点确定为 2005 年具有一定合理性，也更具实证分析的现实意义。

第四节　存在的创新和不足

一　存在的创新

在西北地区产业变迁和城市化发展的研究中，存在的创新为以下三点：

第一，在从产业变迁和城市化发展的相关研究中，学术界虽认同二者间存在紧密的相关联系，但其研究重心仍是以产业变迁的角度去分析其对城市化发展的影响，而关于城市化发展对产业变迁促进作用的研究较少，而本书以集聚效应将产业变迁和城市化发展进行联结，在归纳产业变迁对城市化发展驱动效应的基础上，进一步解析了城市化发展对产业变迁的影响机理，构建了产业变迁和城市化发展间交互影响机制。在对二者相互作用分析的同时，关注到产业变迁和城市化发展间的协调性是发挥二者交互影响的重要前提，如何以综合性的考量方法对二者协调性进行分析应是该研究的重要内容，本书也对此做了尝试性的工作，从一定程度上对理论体系进行了补充和完善。

第二，在产业变迁和城市化发展的相关研究中，联结产业变迁和城市化发展的核心是集聚效应，集聚效应既是一种经济现象，同时更为重要的也是一种地理现象，二者间除了存在经济上的影响外，还可能存在地理空间上的联系，而在过往的研究中多以宏观抽象的分析手段进行研究，往往遗漏了二者间可能存在的空间联系，这对研究的全面性来讲是一种损失。本书以空间视角利用空间统计学和空间计量经济学相关方法对西北地区产业变迁与城市化发展间存在的相互影响进行了研究，力图发现二者间在地理空间上存在的相关性以及这种相关性对二者在经济发展过程中的影响，对于产业变迁与城市化发展的研究方法进行了补充。

第三，在产业变迁与城市化发展的相关实证研究中，多以全局性的视角利用代表性指标对区域整体的产业变迁与城市化发展进行研究，得出的结论往往也是针对全局区域，但在区域内部存在产业变迁与城市化发展的差异，二者间的交互影响也可能存在差别，所以对于区域产业变迁和城市化发展不仅要从全局视角进行观察，还应尽可能地以区域内部视角进行分析，以区域内部差异为基础得出的结论可能更为符合区域产业变迁与城市化发展的实际，同时对实现区域全局均衡发展也更具有指导意义。本书在对西北地区产业变迁与城市化发展研究的过程中，尽可能地以省域或地域视角展开研究，以综合性和差异性的分析手段归纳出整体性特点和内部状况，为均衡提升西北地区产业变迁与城市化发展水平做了试探性的研究，对相关研究的思路进行了拓展。

二 存在的不足

产业变迁和城市化发展均为经济社会综合发展进程，存在涉及面广泛、内涵丰富和影响复杂的特征，对于这样一个综合性的研究凭借一己之力进行难免会存在诸多不足。

第一，限于资料来源，在样本选择和分析内容的全面性方面存在诸多不足。首先，研究产业变迁和城市化发展应以全面的区域单元和城市体系为依托，但是由于现有的统计资料当中各级地区和城市的统计尺度并不统一，本书在研究中只能选取资料较为统一和翔实的西北地区省级、地级行政单元以及地级设市城市为依托进行研究，对于县级市、县域行政单元甚至乡镇均未能展开相关研究，造成研究过程中的地域尺度不够细化，对研究内容的深入性造成一定影响。

第二，在研究产业变迁和城市化发展过程中，尤其是在二者相互作用和协调性的分析中，发现二者间除了经济联系外，在社会、文化等多方面存在相互关系，相互间的影响也涉及多学科领域，深感其影响因素、影响途径和影响范围之广泛，在研究中只能尽可能地以经济学视角对其进行把握，势必由于个人原因造成研究中的遗漏。

第二章 文献综述与理论基础

第一节 国内外相关研究综述

一 产业变迁相关研究

产业的动态发展体现在其结构、类型及布局之中,产业变迁反映了资源的优化配置及生产效率的提升,是经济发展的重要推力。对产业变迁的研究历来是经济学研究的重点,其成果主要体现在以不同的测度方式对产业结构演变的把握和多样的视角对产业空间布局的分析。

(一) 产业结构演变规律研究

产业结构反映了整体产业中各产业类型所占的比例,整体产业发展中各产业类型的发展是此消彼长的过程,而其结构的变化反映了整体经济资源在产业间流动的趋势,是资源优化配置的必然过程。

对产业结构演变的分析,众多学者以不同的产业类型划分角度进行了研究,其中最为典型的是以三次产业划分为基础的产业结构演变分析。最早在17世纪,英国经济学家 Petty 就通过对农业、工业和商业等从业人员的工资对比,发现不同行业间的工资水平是不同的,为了追求更高的收入,劳动力会从农业就业转向工业就业,进而转向商业就业①；Clark（1940）通过多个国家的数据对其进行了总结，认为劳动力在产业间的流动具有规律性，其首先由第一产业向第二产业转移，再从第二产业向第三产业转移②。Petty 和 Clark 的这一理论发现被认为是最早的关于产业结构演变规律的理论，被后人称为 Petty - Clark's law（配第一克拉克定律）；Kuznets（1966）进一步通过国民收入在三次产业间的分布趋势，对产业结构演变的规律进行了总结，认为随着人均国民收入的提高，第一产业的国民收入比重会出现下降趋势，而第二、第三产业的国民收入会不断上升，并在此基础上对配第一克拉克定律做出了经济解释③。伴随着以三次产业划分为基础的产业结构演变规律不断完善和发展，众多学者对其适用性进行了验证，结果表明在绝大多数国家和地区这一规律是成立的，在后期的产业结构分析中，这一规律逐渐成为应用最为广泛的产业结构演变规律。众多国内学者也将这一理论引入中国的产业结构分析之中，李京文（1998）④、郭克莎（1999）⑤ 和毛健（2002）⑥ 等的研究均验证了中国在经济发展进程中经历了相似的产业结构演变历程。

部分学者通过其他的产业划分方式对产业结构演变进行了深入的研究。Hoffmann（1931）⑦ 提出将工业划分为消费资料部门和资本资料部门，认为在经济发展中消费资料部门产值与资本资料部门产值间比值将不断下降，并且按照这一比值将产业结构划分为四个层次，但是由于产业类型日益多样化，依照这种标准很难将有些产业进行准确划分，这一规律被认为只能适用于工业化前期阶段。纪

---

① 威廉·配第：《政治算术》，商务印书馆 1978 年版。
② Clark C., *The Conditions of Economic Progress*, London: Macmillan, 1940.
③ Kuznets S. and Murphy J. T., *Modern Economic Growth: Rate, Structure, and Spread*, New Haven: Yale University Press, 1966.
④ 李京文：《中国产业结构的变化与发展趋势》，《当代财经》1998 年第 5 期。
⑤ 郭克莎：《我国产业结构变动及趋势》，《管理世界》1999 年第 5 期。
⑥ 毛健：《我国产业结构变动的比较分析》，《经济纵横》2002 年第 1 期。
⑦ Hoffmann W., "The Pattern of Industrial growth", *The Economics of Structural Change*, No. 3, 1931.

玉山和代栓平（2007）[①]、杨海军等（2008）[②]的相关研究均表明，Hoffmann 对于产业结构演变规律的总结仅仅适用于部分国家和地区，由于其本身存在的缺陷和中国工业化进程的特殊性，其与中国实际之间的偏差是较大的。Rostow（1959）[③]则通过对经济发展影响最大的主导产业变化分析了产业结构演变，他认为主导产业能够利用先进的技术有效降低成本，带动整体市场的发展和其他产业部门需求的增长，从而实现经济增长，在其研究中把经济增长划分为6个阶段，在这6个阶段中都存在对经济影响最大的主导产业部门，并指出了每个阶段的主导产业类型。由于这一思路对产业发展的研究更具有经济指向性，成为后期研究的热点，其中又以主导产业的选择标准为重点。筱原三代平（1957）[④]提出的收入弹性基准和生产率上升基准的两基准原则和 Hirschman（1958）[⑤]提出的产业关联度原则最具影响力。我国学者周振华（1991）[⑥]和张敦富（1999）[⑦]等也对此进行了深入研究，周民良（1994）[⑧]、李娜和王飞（2012）[⑨]等利用上述方法对我国主导产业演变进行了实证分析，发现其结果与国际经验是相似的。

由于产业结构演变是经济发展的必然路径，所以可以依托经济发展阶段对产业结构演变进行分析和总结。最为典型的是 Chenery

[①] 纪玉山、代栓平：《霍夫曼理论适合中国的工业化模式吗？——兼议新型工业化道路中的重化工业发展路径》，《吉林大学社会科学学报》2007年第2期。

[②] 杨海军、肖灵机、邹泽清：《工业化阶段的判断标准：霍夫曼系数法的缺陷及其修正——以江西、江苏为例的分析》，《财经论丛》2008年第2期。

[③] Rostow W. W., "The Stages of Economic Growth", *The Economic History Review*, Vol. 12, No. 1, 1959.

[④] 李悦：《产业经济学》，中国人民大学出版社2004年版。

[⑤] Hirschman A. O., *The Strategy of Economic Development*, New Haven: Yale University Press, 1958.

[⑥] 周振华：《产业政策的经济理论系统分析》，中国人民大学出版社1991年版。

[⑦] 张敦富：《区域经济学原理》，中国轻工业出版社1999年版。

[⑧] 周民良：《中国主导产业的发展历程与未来趋势》，《经济学家》1994年第3期。

[⑨] 李娜、王飞：《中国主导产业演变及其原因研究：基于DPG方法》，《数量经济技术经济研究》2012年第1期。

和 Syrquin（1975）① 通过对多国经济发展中的产业结构进行分析所提出的"增长的当代模型"，该模型认为在人均国民收入为 100 美元（1964 年水平，下同）时，第二产业产值约占总产值的 17%，而人均国民收入为 1000 美元时，第二产业产值比重约为 38%，在这一增长期间，以运输业和通信业为代表的第三产业产值比重将翻一番，而第一产业产值比重将从 45% 下降至 15%，而且认为各个国家不会偏离以上水平的 50%，同时指出了在固定产业结构对应下的就业结构。林兆木（2002）②、周毅和明君（2006）③ 以此标准分别对中国经济增长中的产业结构演变进行了折算和对比，认为中国的产业结构演变虽与国际标准模式存在一定的偏差，但其基本轨迹是吻合的；何德旭和姚战琪（2008）④ 也持相同观点，并对中国产业结构演变与国际标准模式间存在的偏离进行了深层次的分析。此外还有学者关注到了经济增长中产业结构演变的技术集约化和高加工度化等规律，分别以工业行业结构视角和技术利用视角对产业结构演变进行了总结⑤。

从以上分析中可以看出，多种产业结构演变规律虽有时期局限性，但基本的演变规律均体现了产业结构的高级化和深度化，体现了产业资源在产业间的合理流动和优化配置，区域产业结构水平虽存在差异，但基本的产业结构演变轨迹在各区域均是适用的，对这些规律的把握有助于对区域产业结构水平进行判断，并对其未来发展趋势做出有效预测。

（二）产业空间布局及其演变研究

产业变迁不仅体现在其内部结构变化之中，同时还体现为产业

---

① Chenery H. B. and Syrquin M., *Patterns of Development*, 1950 – 1970, London: Oxford University Press, 1975.

② 林兆木:《关于新型工业化道路问题》,《宏观经济研究》2002 年第 12 期。

③ 周毅、明君:《中国产业转型与经济增长实证研究》,《学术研究》2006 年第 8 期。

④ 何德旭、姚战琪:《中国产业结构调整的效应、优化升级目标和政策措施》,《中国工业经济》2008 年第 5 期。

⑤ 张敦富:《区域经济学原理》,中国轻工业出版社 1999 年版。

空间布局的变化,产业空间布局的变化反映了产业资源在区域间的重新配置,同时对经济发展的空间分布产生重要影响。

早期的产业空间布局研究中多以静态视角对其进行分析,一般将其称为产业区位理论。早在19世纪初,德国经济地理学家Thunen就对农业的空间区位进行了研究,在其"理想国"假设下,认为各种农业产业伴随着与市场距离的延伸以市场为中心呈圈层分布,而决定农业产业区位是其生产过程中的运输费用[①];20世纪初,Weber在Thunen的研究基础上,对工业活动的区位分布进行了研究,他在运输费用的基础上加入了劳动费用和集聚因素,利用最小成本的思路对工业厂商的区位分布进行了综合性的考察[②];Christaller(1966)[③]认为,伴随着市场规模的扩大,成本最小化的方法在产业区位研究中已不适用,市场因素起到了至关重要的影响,提出了中心地理论对产业区位进行了研究;Losch(1954)[④]在市场规模的基础上,研究了市场需求对于产业区位的影响,将区位理论由产业厂商拓展至产业整体。上述研究成果为产业区位分析奠定了理论基础,但其研究存在诸多现实中不可能存在的假设,如经济和自然的均质化、生产要素的区位独立等,被视为古典经济学理论的延伸。Isard(1956)[⑤]利用凯恩斯的宏观均衡理论对上述理论进行了补充和完善,运用计量经济学和系统分析方法,将产业区位拓展至区域综合分析,形成了综合的产业区位理论。

上述理论对产业的空间布局选择问题进行了深入的研究,但是产业空间布局存在变动趋势,产业空间分布的变动需要以动态视角对其进行分析和把握,在此方面的研究尤以产业集聚理论为重点。

[①] 杜能:《农业和国民经济中的孤立国》,商务印书馆1986年版。
[②] 韦伯:《工业区位论》,商务印书馆2009年版。
[③] Christaller W., *Central Places in Southern Germany*, London: Prentice-Hall, 1966.
[④] 廖什:《经济空间秩序:经济财货与地理间的关系》,商务印书馆1994年版。
[⑤] 瓦尔特·艾萨德:《区域科学导论》,高等教育出版社1991年版。

Marshall（1920）①最早将集聚概念引入经济学分析中，他认为基于对最低成本的寻求，生产者会在空间上集中，产业集聚由此产生和发展，他认为集聚所带来的经济效应体现在产业间的相互协调、劳动力市场的共享和创新的溢出等几个方面。这一概念的提出激发了学术界对产业集聚的研究，North（1955）②将交易成本引入产业集聚分析中，认为产业的地理集中有效地降低了产业间交易成本，从而促成了产业成本的降低；Porter（1990）③提出了产业集聚的竞争优势度，认为产业在空间上集中可以获得相关产业的支撑，可以有效保持生产效率，并将其命名为产业集群；Krugman（1991）④、Button等（1995）⑤认为集聚体现为企业内部规模经济和外部规模经济，同时还指出产业集聚可以促进竞争和信息交流，从而激发和诱导了创新，而且创新更容易被传播，产业集聚存在自我强化的功能。在产业集聚理论不断完善的同时相关产业集聚测度方法也不断出现；Hirschman（1964）⑥提出了赫芬达尔—赫希曼指数，利用市场规模来反映产业集聚程度；Haggett（1977）⑦提出区位熵概念用以分析产业区位，用产业专门化率来测度产业集聚；Krugman（1991）⑧将基尼系数拓展至空间，提出了空间基尼系数来反映产业空间分布的非均衡性；Ellison和Glaeser（1997）⑨在赫芬达尔—赫

---

① Marshall A., "Industrial Organization, Continued. The Concentration of Specialized Industries in Particular Localities", *Principles of Economics*, Book Ⅳ, 1920.
② North D. C., "Location Theory and Regional Economic Growth", *The Journal of Political Economy*, Vol. 57, No. 1, 1955.
③ Porter M. E., *Competitive Advantage of Nations*: New York: Macmillan, 1990.
④ Krugman P. R., *Geography and Trade*, Cambridge, MA: MIT Press, 1991.
⑤ Button K. J. and Leitham S. and Mc Quaid R. W., et al., "Transport and Industrial and Commercial Location", *The Annals of Regional Science*, Vol. 29, No. 12, 1995.
⑥ Hirschman A. O., "The Paternity of an Index", *The American Economic Review*, No. 6, 1964.
⑦ Haggett P. and Cliff A. D. and Frey A., "Locational Analysis in Human Geography", *Tijdschrift Voor Economische En Sociale Geografie*, Vol. 68, No. 6, 1977.
⑧ Krugman P. R., *Geography and Trade*, Cambridge, MA: MIT Press, 1991.
⑨ Ellison G. and Glaeser E., "Geographic Concentration as a Dynamic Process", *NBER Working Paper*, 1997.

希曼指数的基础上，对地理单元进行划分，进而提出 E-G 指数对产业集聚程度进行测度。以上几种测度指标被学术界广泛采用，且大量学者在应用过程中对其进行了进一步的改进。

理论及方法的不断充实促使大量的学者对产业集聚进行了实证研究。Davies 和 Lyons（1996）[①] 利用赫芬达尔—赫希曼指数对欧洲产业的空间布局进行了分析，指出其具有产业集聚特征；宗成峰（2008）[②] 利用区位熵对中国纺织业的产业集聚进行了分区域的对比，指出纺织业集聚与其规模增长间的关系；梁琦（2003）[③] 运用空间基尼系数对中国 24 个行业的产业集聚进行了分析和对比，并对其差别进行了解释；Braunerhjelm 和 Johansson（2003）[④] 利用 E-G 指数对瑞士制造业和服务业的空间布局进行了分析，发现其存在产业集聚；刘艳（2013）[⑤] 也利用 E-G 指数对中国战略新兴产业的集聚程度进行了测度，发现沿海和发达省份是高度集聚区域；吴学花和杨蕙馨（2004）[⑥] 利用多种方法对中国制造业的产业集聚进行了测度，指出中国制造业的集聚程度较高，且体现了较强的规模经济和范围经济。

综上所述，产业布局及其变化体现了产业发展中资源的空间配置和产业内外部规模经济的实现，是产业变迁中的重要内容，而产业集聚作为产业空间布局重要的演化趋势，对其运行机理、集中程

[①] Davies S. and Lyons B., *Industrial Organization in the European Union: Structure, Strategy, and the Competitive Mechanism*, OUP Catalogue, 1996.

[②] 宗成峰：《产业集聚水平测度方法及实证研究——以中国纺织产业为例》，《软科学》2008 年第 3 期。

[③] 梁琦：《中国工业的区位基尼系数——兼论外商直接投资对制造业集聚的影响》，《统计研究》2003 年第 9 期。

[④] Braunerhjelm P. and Johansson D., "The Determinants of Spatial Concentration: the Manufacturing and Service Sectors in an International Perspective", *Industry and Innovation*, Vol. 10, No. 1, 2003.

[⑤] 刘艳：《中国战略性新兴产业集聚度变动的实证研究》，《上海经济研究》2013 年第 2 期。

[⑥] 吴学花、杨蕙馨：《中国制造业产业集聚的实证研究》，《中国工业经济》2004 年第 10 期。

度进行梳理和分析，有助于对区域产业变迁的全方位把握。

二 城市化发展相关研究

城市化（Urbanization）是人类经济社会发展中的重要特征之一，对其发展过程的研究历来是经济学和社会学研究的热点问题，众多的学者以其独有的角度对城市化发展进行了深入的研究，而其中大量研究主要集中于城市化发展规律研究和城市化发展影响因素的分析两个方面。

（一）城市化发展规律研究

伴随着世界范围内城市化进程的不断深入，对各个国家和地区既往的城市化发展历程进行分析逐渐成为研究热点，其中通过时间、经济水平、地理、城市规模等角度对城市化发展规律的把握得到学术界的重点关注。

以时间角度对城市化发展规律进行的分析中，城市地理学者Northam（1975）[①]提出的城市化"S"形曲线（也称为Northam曲线）最具代表性，Northam通过对不同国家和地区城市化进程的考察，发现城市化发展呈现阶段性增长趋势，以城市人口占总人口的比重来衡量城市化发展水平，其增长轨迹伴随着时间的推移大体呈现为一条被略微拉平的"S"形曲线，即由缓慢增长阶段过渡为快速增长阶段，最终回归于高水平稳定增长阶段，Northam同时指出三个阶段的划分点在城市化水平为30%和70%左右。这一阶段性规律高度地概括了城市化发展伴随时间变化的趋势，成为后期研究城市发展规律的基础性论点，周一星（1995）[②]率先将这一理论引入国内，随后众多学者对其进行了深入的分析，谢文蕙（1996）[③]通过统计方法得出了Northam曲线的一般数学形式，并通过不同国家

[①] Northam R. M., *Urban Geography*, New York: Wiley, 1975.
[②] 周一星:《城市地理学》，商务印书馆1995年版。
[③] 谢文蕙:《城市经济学》，清华大学出版社1996年版。

城市化发展进程的拟合验证了其存在性;饶会林(1999)[①]根据发达国家和发展中国家城市化进程启动时间的差异,将单一的"S"形的 Northam 曲线扩充为双"S"形曲线。当然也存在对 Northam 曲线的争论,陈彦光和周一星(2006)[②]通过 Logistic 分析认为 Northam 曲线三阶段划分应修正为四阶段,并对修正分段结果进行了理论解释;陈明星等(2011)[③]认为在不同的国家和地区 Northam 曲线的第二阶段并非为快速增长时期,并依据城市化增长速度变化提出了城市发展的倒"U"形曲线,从另一个角度来看,这些争论也是对 Northam 曲线的完善,为更好地把握城市化发展规律提供了补充。

从经济发展水平角度对城市化发展进行归纳和总结成为另一个热点研究方向。Berry(1971)[④]通过对近 100 个国家的相关数据进行统计分析,得出经济发展水平与城市化发展具有正向联系,其后多位学者进行了该方面的研究,其中最具代表性的有 Chenery 和 Syrquin(1975)[⑤]提出的城市化模式,两位学者利用 100 多个国家 20 多年的数据对城市化发展与经济发展进行了分析,得出城市化发展与经济发展呈现高度正相关性,并提出了在不同人均收入水平下对应的城市化水平及其内部结构。其他学者如 Renaud(1981)[⑥]利用多个国家的数据对二者间的正向关系进行了再次验证,得出了与前人相似的结论;Fay 和 Opal(2000)[⑦]定量化分析了经济发展水平

[①] 饶会林:《城市经济学》,东北财经大学出版社 1999 年版。
[②] 陈彦光、周一星:《城市化 Logistic 过程的阶段划分及其空间解释——对 Northam 曲线的修正与发展》,《经济地理》2006 年第 6 期。
[③] 陈明星、叶超、周义:《城市化速度曲线及其政策启示》,《地理研究》2011 年第 8 期。
[④] Berry B. and Smith K., *City Classification Handbook*, NewJersey: Wiley - Interscience, 1971.
[⑤] Chenery H. B. and Syrquin M. and Elkington H., *Patterns of Development*, 1950 - 1970, London: Oxford University Press, 1975.
[⑥] Renaud B., *National Urbanization Policy in Developing Countries*, London: Oxford University Press, 1981.
[⑦] Fay M. and Opal C., *Urbanization without Growth: A Not so Uncommon Phenomenon*, Washington: World Bank Publications, 2000.

对城市化发展的贡献,认为区域间城市化发展的差异中60%—70%是由经济发展水平差异所造成的,小部分归因于其他因素;Henderson（2003）[1]通过研究发现经济发展水平与城市化水平间正相关系数为0.85。随着城市化发展和经济发展相关理论逐步地成形和完善,促使国内学者以该视角对中国城市化进程进行研究。黄宇慧（2006）[2]、施建刚和王哲（2012）[3]通过不同时期的数据均验证了中国城市化发展与经济发展具有正向关系,是与国际经验相符的,在此基础上还有部分学者结合中国实际进行了深入的考察;朱要武（2004）[4]通过研究指出中国城市化发展与经济发展并不协调,体现为城市化发展滞后于经济发展,而这种不协调性对于城市化发展有着诸多负面影响;陈明星等（2009）[5]却持不同观点,认为中国的城市化发展并不滞后于经济发展,城市化发展滞后的根本原因是经济发展水平较低,中国的城市化发展与经济发展属于双低状态的协调发展,而安虎森和朱妍（2007）[6]则利用市场潜能函数提出不同经济发展水平的区域应制定不同的城市化模式,对这一理论在中国的实际运用做了有益的拓展。

部分学者则通过地理空间的角度对城市化发展规律进行了总结。Gottmann（1964）[7]对美国东北部地区城市化发展进行研究时发现,这一区域的大城市在空间上呈现集中趋势,并将其命名为"城市

---

[1] Henderson V., "The urbanization process and economic growth: The so-what question", *Journal of Economic Growth*, Vol. 8, No. 1, 2003.

[2] 黄宇慧:《我国城市化水平与经济发展关系的计量分析》,《财经问题研究》2006年第3期。

[3] 施建刚、王哲:《中国城市化与经济发展水平关系研究》,《中国人口科学》2012年第2期。

[4] 朱要武:《中国城市化水平与经济发展水平偏离度》,《城市问题》2004年第5期。

[5] 陈明星、陆大道、查良松:《中国城市化与经济发展水平关系的国际比较》,《地理研究》2009年第2期。

[6] 安虎森、朱妍:《经济发展水平与城市化模式选择》,《求索》2007年第6期。

[7] Gottmann J., *Megalopolis: the Urbanized Northeastern Seaboard of the United States*, MA: MIT Press, 1964.

群",这一现象和概念的提出引发了众多的相关研究。Helpman（1998）① 基于空间扩散的视角,提出分布在大城市周边的小城市由于空间距离的接近更容易得到经济溢出,从而加速其城市化发展,进而形成大城市区域集中的现象;Tabuchi（1998）② 则从运输及贸易成本的角度分析了大城市地理集中的原因。国内学者们也同样关注到了此类现象,代合治（1998）③ 依据城市化角度,将中国125个地级以上地域单元划分为17个城市群,并对其空间分布特征和发展趋势进行了把握和预测;方创琳等（2005）④ 认为,在中国城市化发展中也出现了大城市集聚的现象,并设定指标体系将其划分为28个不同等级的城市群,并指出城市群在经济和城市化发展中具有核心地位;皮亚彬等（2014）⑤ 也利用这一观点对中国城市化发展进行了探讨,认为城市在地理上分布越密集,则城市人口增长也越迅速,提出要以城市群发展来带动整体城市化发展。

学术界还通过城市规模角度对城市化发展规律进行了分析。Sveikauskas（1975）⑥ 通过城市规模差异视角对城市化发展规律进行了研究,认为城市规模增长1倍其生产效率将提高5.98%,大城市的城市化发展更具竞争力;Venables（2010）⑦ 通过研究也验证了

---

① Helpman E., *Topics in Public Economics: Theoretical and Applied Analysis*, Cambridge: Cambridge University Press, 1998.
② Tabuchi T., "Urban Agglomeration and Dispersion: a Synthesis of Alonso and Krugman", *Journal of Urban Economics*, Vol. 44, No. 3, 1998.
③ 代合治:《中国城市群的界定及其分布研究》,《地域研究与开发》1998年第2期。
④ 方创琳、宋吉涛、张蔷等:《中国城市群结构体系的组成与空间分异格局》,《地理学报》2005年第5期。
⑤ 皮亚彬、薄文广、何力武:《城市区位、城市规模与中国城市化路径》,《经济与管理研究》2014年第3期。
⑥ Sveikauskas L., "The productivity of Cities", *The Quarterly Journal of Economics*, Vol. 89, No. 3, 1975.
⑦ Venables A. J., "Productivity in Cities: Self-selection and Sorting", *Journal of Economic Geography*, Vol. 11, No. 6, 2010.

这一规律的存在；国内学者王小鲁（2010）[①] 在对中国经验总结的基础上也提出了类似的观点，认为中国城市化发展滞后的原因在于大城市数量较少，未来推动中国城市化发展需着重建设百万人口以上的大城市。除此之外，还有部分学者从不同角度对城市化发展规律进行了归纳，涉及文化、政治、科技等诸多方面，体现了城市化发展规律研究的丰富性。

综上所述，城市化发展是经济社会发展的必然路径，各国或地区在城市化水平上虽存在差异，但基本的城市化发展规律均有所体现，以不同的视角对区域城市化发展规律进行把握，有助于对区域城市化发展状况进行全方位的判断和分析。

（二）城市化发展影响因素研究

以城市化发展推动经济社会发展已成为学术界的共识，并在中国已纳入中长期的发展战略之中。在对城市化发展重要作用产生明确认识的同时，如何有效地推进城市化发展成为一个核心论点，也就是哪些因素对城市化发展产生影响，并以此为途径加速城市化进程成为研究中的热点问题。大量的学者在此方面进行了深入的研究，并取得了丰硕的成果。

城市化发展作为经济发展的重要表现之一，学者们首先认识到经济因素对城市化发展的影响是至关重要的。Kuznets（1972）[②] 通过对100多年世界城市化发展的研究，指出城市化是经济增长的产物，大规模的经济活动促成了人口的集聚；Hirsch（1973）[③] 也持相同观点，他认为城市化是分散分布的农村经济转变为对立集中的城市经济的过程；Todaro（1969）[④] 则从收入和就业视角对城市化进

[①] 王小鲁：《中国城市化路径与城市规模的经济学分析》，《经济研究》2010年第10期。

[②] Kuznets S., *Economic Growth of Nations: Total Output and Production Structure*, Cambridge: Harvard University Press, 1972.

[③] Hirsch W. Z., *Urban Economic Analysis*, New York: McGraw – Hill, 1973.

[④] Todaro M. P., "A Model of Labor Migration and Urban Unemployment in Less Developed countries", *The American Economic Review*, Vol. 59, No. 1, 1969.

行了分析，认为经济发展中逐渐形成的城乡间收入和就业差距是促成乡村人口不断向城市集中的最主要原因。上述早期的此类观点大体从宏观的角度论述了经济发展对于城市化发展的推动，此外大量的学者还测算了各经济要素对城市化发展的贡献度，但这些研究缺乏经济发展对城市化发展内在影响机制的深入分析。Hoover（1937）①首次提出了城市化经济的相关理论，其后这一概念经过 Krugman（1991）②和 Henderson（1988）③等的完善和拓展，逐步形成了较为完善的理论框架，这一概念的核心为集聚经济，认为经济活动在城市的集中可以带来规模效应和外部性，而且具有自我强化的功能，从而促使经济活动进一步向城市集中，带动城市化的不断发展。国内学者叶裕民（2001）④也认同这种观点，认为城市化发展是非农产业在城市集聚的过程；苏雪串（2004）⑤对此进行了概括和总结，认为城市化体现为要素的集聚，而集聚经济是城市化发展的基本动力，并提出中国城市化发展中需依托产业集群和城市群等集聚经济形态作用的发挥；李金滟和宋德勇（2008）⑥将国际经验与中国实际相结合，提出依托多种方式加强城市的集聚效应可以有效地促进城市化发展。

城市化发展不仅是一个经济过程，而且体现为一个社会过程。城市化发展是经济社会发展的综合过程，除了考察经济因素对其的影响外，分析社会因素对城市化的影响也是一个重要的方面，由于

---

① Hoover E. M., *Location Theory and the Shoe Leather Industries*, Cambridge：Harvard University Press, 1937.
② Krugman P. R., *Geography and Trade*, Cambridge, MA：MIT Press, 1991.
③ Henderson J. V., *Urban Development：Theory, Fact, and Illusion*, London：Oxford University Press, 1988.
④ 叶裕民：《中国城市化的制度障碍与制度创新》，《中国人民大学学报》2001 年第 5 期。
⑤ 苏雪串：《城市化进程中的要素集聚，产业集群和城市群发展》，《中央财经大学学报》2004 年第 1 期。
⑥ 李金滟、宋德勇：《专业化，多样化与城市集聚经济——基于中国地级单位面板数据的实证研究》，《管理世界》2008 年第 2 期。

社会因素在国家或地区间差异较大，国内主要以中国城市化发展中的社会影响因素的相关理论研究为主。刘晓峰等（2010）①认为，在城市化发展中城市新增人口与城市原住民之间会产生福利的争夺，进而激发社会冲突，从而阻碍城市化发展；吴华安和杨云彦（2011）②通过研究发现由于公共服务、生活方式、政治权利和心理认同等方面存在的问题，流入人口社会城市化程度不高，会在一定程度上对城市化发展起到干扰作用；许抄军等（2013）③对中国城市化发展中的影响因素进行了实证分析，发现户籍制度、社会保障制度等方面的城乡差别严重影响了城市化发展；鲍宗豪和李振（2000）④提出将社会发展与城市化发展有效地结合在一起，是推动中国城市化发展的必然选择。

综上所述，城市化发展是经济增长的重要特征之一，经济因素是影响其发展的决定性因素，而经济因素除外在水平提升的影响之外，还存在内部质量的影响，同时城市化发展作为经济社会综合发展进程，还会受到社会发展的影响，可见城市化发展影响因素的广泛和复杂。

三 产业变迁对城市化发展影响的相关研究

产业变迁和城市化发展作为区域经济发展的两个重要方面，并非是两条不相交的平行线，二者间具有相互影响，产业升级、优化和集聚为城市化发展提供了动力，而城市化发展在适应产业变迁的同时，又通过城市化经济对产业变迁起到了推动作用，对于二者间

---

① 刘晓峰、陈钊、陆铭：《社会融合与经济增长：城市化和城市发展的内生政策变迁》，《世界经济》2010年第6期。
② 吴华安、杨云彦：《中国农民工"半城市化"的成因，特征与趋势：一个综述》，《西北人口》2011年第4期。
③ 许抄军、赫广义、江群：《中国城市化进程的影响因素》，《经济地理》2013年第11期。
④ 鲍宗豪、李振：《区域社会发展与城市化进程的融合：深圳，珠海，浦东城市化进程的启示》，《社会科学》2000年第6期。

交互机理的梳理和把握是重要的研究内容。

(一) 产业变迁与城市化缘起的研究

城市的兴起抑或城市化的出现，均体现为人口在内的生产要素在空间中的区位集中，而诱发这一过程的成因就是产业变迁。Lewis (1954)[①] 在其劳动力流动理论中就指出，城市发展依赖于城市工业的不断兴起，而要保障城市工业发展的前提是农业生产效率的大幅提高，一方面大量的农业剩余产品可以为城市工业发展提供生活和生产资料，另一方面通过提高农业生产效率促使劳动力脱离农业生产，为城市工业发展提供了劳动力供给，阐明了产业发展是城市出现或城市化不断发展的原动力；Jacobs (1970)[②] 从历史经济的角度证明了产业分工对城市化的推动，认为分工不断深化的人类聚居地就是城市，城市化现象的出现依赖于分工，同时农村经济也会因此受益；杨小凯和 Rice (1994)[③] 也持相同观点，认为产业分工的不断深化是城市出现和发展的内在动因，且指出城市的规模取决于产业分工的水平；冯云廷 (2005)[④] 认为，城市的出现和发展根本原因为产业分工，农业与手工业的分离使固定的交易场所开始出现，被认为是城市的雏形，伴随着商业的出现，城市的发展速度得以加快，机器化大工业的蓬勃兴起是现代城市快速发展的强劲动力，而服务业的增长为现代城市发展提供了新的增长点，城市或城市化发展过程与产业分工历史是紧密结合的。上述观点中，分工的深化成为城市化的直接原因，而分工意味着新产业的出现或某一类产业的扩张，体现了产业结构变动，所以此类观点认为产业结构演变是城市化现象出现的主要原因。

[①] Lewis W. A., "Economic Development with Unlimited Supplies of Labour", *The Manchester school*, Vol. 22, No. 2, 1954.

[②] Jacobs J., *The Economy of Cities*, New York: Vintage, 1970.

[③] Yang X. and Rice R., "An Equilibrium Model Endogenizing the Emergence of a Dual Structure Between the Urban and Rural Sectors", *Journal of Urban Economics*, Vol. 35, No. 3, 1994.

[④] 冯云廷：《城市经济学》，东北财经大学出版社2005年版。

另一部分学者却从地理空间的角度阐述了城市化现象的产生。Perroux（1955）[①] 提出了增长极的概念，认为基于某种原因的触发，经济活动有着向某个区域集中的趋势，同时伴随这种集中趋势，该区域的经济由于资源的集中和规模效应，其发展速度会远远超出其他区域，进而形成区域经济发展的中心极点，该理论研究虽不是以阐述城市的产生和发展为主要目的，但是从一般区域经济学的观点来看，城市即区域经济的中心，所以增长极的出现和发展就可以视为城市的出现和发展；Henderson（1974）[②] 则进一步指出，城市之所以会出现是因为产业集聚所带来的规模报酬递增，伴随着城市经济活动规模的提升，其生产成本会出现下降，进而吸引更多的经济活动和人口涌入城市，带来城市规模的进一步增长，首次将城市化的直接原因归结于产业集聚；国内学者蔡孝箴（1998）[③] 也认为，产业集聚是城市化发展的直接动力，指出多样化的厂商和经济资源的集中推动了城市的出现。从上述观点中可以看到，产业集聚在空间上带来了经济要素的集聚，使城市成为区域的经济中心，从而带来了人口定居的规模化，推动了城市化现象的产生。

综上所述，无论是产业内部分工视角抑或产业空间集聚视角，众多研究均表明产业变迁对城市化现象的出现起到了至关重要的促进作用，产业变迁是城市化现象出现的决定性因素。

（二）产业变迁对城市化发展影响的相关研究

由于城市化的兴起在理论界被归结于产业结构演变和产业集聚，所以在产业变迁对城市化发展影响的相关研究中学术界也多以这两个角度为出发点进行分析和总结。

1. 产业结构演变对城市化发展影响的研究

产业结构伴随着经济发展是动态演变的，在之前的理论分析中

[①] Perroux F., "A Note on the Notion of Growth Pole", *Applied Economy*, Vol. 1, No. 2, 1955.

[②] Henderson J. V., "The Sizes and Types of Cities", *The American Economic Review*, Vol. 64, No. 4, 1974.

[③] 蔡孝箴：《城市经济学》，南开大学出版社1998年版。

发现其演变规律是可以进行把握和总结的，而这种有迹可循的产业结构演变对城市化发展起到了重要的影响。首先，伴随着产业结构的演变，就业结构也会随之改变，这一改变反映了劳动力在产业间的流动，而这正是城市化发展的重要表现之一。在Pertty、Kuznets等所总结的产业结构演变规律中，认为产业发展会由第一产业为主逐渐过渡为以第二、第三产业为主，伴随着产业结构的演变，劳动力会逐渐由第一产业转向第二、第三产业，第二、第三产业主要分布在城市之中，则城市中的就业会随之增长，带来城市化的发展，所以Pertty、Kuznets等的三次产业结构的演变从另一个角度反映了产业结构演变对城市化的就业推动；Chenery（1975）[①] 最早通过对工业化时期城市化发展的研究明确揭示了产业结构与城市化发展的关系，他认为，城市化发展与工业化过程是直接相关的，工业化过程即产业结构演变的过程，而工业化过程中生产结构的转变会导致生产要素从乡村向城市转移，带来了城市化发展；杨宜勇（2000）[②] 通过对中国城市化进程的分析，认为中国产业结构演变过程中城市就业的增长率明显高于农村，而这正是产业结构演变对城市化发展推动的直接表现；曾令华等（2007）[③] 的研究也表明城市规模与城市产业就业吸纳能力的相关性较强，而产业就业吸纳能力取决于产业结构演变的质量；何景熙和何懿（2013）[④] 通过实证分析，认为经济发展过程中存在产业结构演变引致就业结构转变，进而促进城市化发展的连续影响机制，说明就业结构是产业结构影响城市化发

---

① Chenery H. B. and Syrquin M. and Elkington H., *Patterns of Development*, 1950–1970, London: Oxford University Press, 1975.
② 杨宜勇：《城市化创造就业机会与城市就业空间分析》，《管理世界》2000年第2期。
③ 曾令华、江群、黄泽先：《非农就业增长与城市化进程相关性分析》，《经济体制改革》2007年第1期。
④ 何景熙、何懿：《产业—就业结构变动与中国城市化发展趋势》，《中国人口·资源与环境》2013年第6期。

展的重要途径；田明和王玉安（2010）① 以此为出发点探讨了中国城市化水平滞后的原因，认为相对于城市化水平，中国的产业结构水平并不滞后，中国城市化水平较低的直接原因是就业结构的滞后。

另一方面学者认为，产业结构演变通过完善城市功能对城市化发展起到了重要的推动作用。洪银兴（2003）② 提出产业结构演变不仅加速了城市化水平的增长，更重要的是提升了城市化的质量，如基础设施水平、公共服务水平以及各种生产性、生活性服务业的发展水平均得到了有效提升，为城市化发展打下了坚定基础；陈家海（2008）③ 认为，城市的主体功能由其主导产业所决定，主导产业的变迁会改变城市的主体功能，进而对城市化产生影响；彭晖和韦荟（2011）④ 认为，产业发展是城市功能不断完善的基础，产业结构的演变是城市功能提升的主要路径，并以美国洛杉矶市为例，分析了洛杉矶市伴随着产业结构的演变由制造业城市逐渐转变为国际金融和服务业中心城市，从而使其城市规模不断得以扩张。

从时间维度上来看，产业结构演变与城市化发展呈现出阶段性的耦合。李培祥和李诚固（2003）⑤ 将配第—克拉克产业结构演变规律与 Northam 城市化阶段进行了综合分析，认为在城市化初期或缓慢发展阶段，整体产业结构以农业为主，第二、第三产业比重较小，而城市化中期或快速发展阶段，整体产业结构以第二产业为主，第三产业比重高于第一产业，最终的城市化后期或稳定增长阶段，整体产业结构以第三产业为主，第二产业次之，第一产业比重

---

① 田明、王玉安：《我国城市化与就业结构偏差的比较分析》，《城市问题》2010年第2期。
② 洪银兴：《城市功能意义的城市化及其产业支持》，《经济学家》2003年第2期。
③ 陈家海：《上海城市功能的进一步提升与重点发展产业的选择》，《上海经济研究》2008年第2期。
④ 彭晖、韦荟：《城市功能与产业发展的耦合》，《科技创新与生产力》2011年第1期。
⑤ 李培祥、李诚固：《区域产业结构演变与城市化时序阶段分析》，《经济问题》2003年第1期。

最小。这一观点总结了城市化发展阶段中对应的产业结构,其实质也反映了产业结构演变对城市化发展的影响,可以看到随着产业结构有序演进,其对城市化发展起到了重要的推动作用。大量研究虽认同产业结构演变对城市化发展的推动影响,但缺乏产业结构演变对城市化发展影响的内在机理分析,后期学术界又从各产业着手分析了其对城市化发展的作用机制。从第一产业对城市化发展的影响来看,秦宪文(2004)[①]提出,在农业发展过程中农业产品、劳动力和资本会逐渐出现剩余,促使农业商品化和产业化,伴随着市场规模的扩大城市被催生,同时又为城市发展提供了各种生产要素。第一产业虽对城市化发展起到了重要的推动影响,但从产业本身来看第一产业对土地要素的依赖性较强,生产效率的提升始终有限,导致第一产业对城市化发展的推动力是较弱的,这也就揭示了在产业结构以第一产业为主的时期城市化为何处于缓慢发展的阶段的原因;第二产业对城市化发展的影响最为明显,姜爱林(2002)[②]、欧阳峣和生延超(2006)[③]均指出工业化进程将更多的农业劳动力从土地束缚中解放出来,极大地推进了城市化的发展。第二产业发展更多地依赖于资本和技术,对土地要素可集约利用,所以城市是其发展布局的必然选择,以机器化大工业为代表的第二产业快速增长加快了其向城市集中的步伐,城市化在这一阶段快速发展,这也正是欧美国家在19世纪工业革命后期城市化水平迅速攀升的原因;在第二产业不断蓬勃发展的同时,第三产业也迅速兴起,在工业化带动的城市化快速增长阶段城市已经达到了较大的规模,拥挤成本和要素价格的提升使工业发展遇到了"瓶颈",而服务业却依靠市场

---

① 秦宪文:《城市化与产业发展》,《山东师范大学学报》(人文社会科学版)2004年第1期。

② 姜爱林:《城镇化、工业化与信息化的互动关系研究》,《经济研究参考》2002年第85期。

③ 欧阳峣、生延超:《城市化水平与产业结构调整的内在互动机制》,《广州大学学报》(社会科学版)2006年第11期。

规模迅速发展，曾芬钰（2002）①认为，伴随着城市化的发展，第二产业的就业吸纳能力会逐渐落后于第三产业，此时城市化发展更多地依赖于第三产业的发展。伴随着人类物质生活逐渐丰足，对服务业的需求呈现出快速增长，第三产业发展的可持续性较强，所以在城市化稳定增长的后期主要依赖于第三产业发展。

综上所述，产业分工的深化不仅促成了城市化现象的出现，同时经济社会发展中产业结构的演变推动了城市化的进一步发展，产业结构演变是城市化水平提升的重要动力源泉。

2. 产业集聚对城市化发展影响的研究

产业集聚对城市化发展的影响是多方面的，首先，学者们认为产业集聚所带来的包含人口在内经济要素集中过程对城市化发展带来了直接的推动作用。Krugman（1993）②指出，由于城市中集中了大量的劳动力及技术人才，生产者可以便利地寻找到合适的工人，同时城市中存在大量的配套厂商，能迅速满足中间投入品需求，所以城市对生产者极具吸引力，能够不断地将厂商集中起来，从而促使城市进一步发展；Fujita（2001）③认为，厂商在城市中集聚，是出于信息交流的便捷性，同时厂商间距离的缩短可以提升信息交流的频率，有可能存在的技术知识溢出可以使生产活动得到更好的改进，所以厂商间愿意将彼此间的距离尽可能地缩短，进而促使其进一步向城市集聚，同时还指出集聚并不是无限制的，因为厂商的集聚意味着工人的通勤成本上升，另外集聚会带来要素成本的提高，所以产业集聚有其均衡点；Myrdal（1957）④提出的因果循环累积效应中对此也有所解释，他认为一旦某种外部因素触发了城市中的

---

① 曾芬钰：《论城市化与产业结构的互动关系》，《经济纵横》2002年第10期。
② Krugman P., "First Nature, Second Nature, and Metropolitan Location", *Journal of Regional Science*, Vol. 33, No. 2, 1993.
③ Fujita M. and Krugman P. R. and Venables A. J., *The Spatial Economy: Cities, Regions, and International Trade*, Cambridge, MA: MIT Press, 2001.
④ 冈纳·缪尔达尔：《亚洲的戏剧——对一些国家的贫困问题的研究》，北京经济学院出版社1992年版。

产业集聚，则在城市原有的产业基础上会不断吸引相关产业进一步向城市集中，并可能会替代城市中原有产业，城市在这种循环和累积的过程中不断得以发展；葛立成（2004）[①]认为，产业集聚对城市化有着紧密而复杂的影响，区位指向或产业协同诱发的产业集聚均对城市化有着推动作用，并指出中国城市化进程中的产业集聚应由成本指向逐渐过渡到城市化指向。

其次，大量的研究表明产业集聚是保持产业竞争力的有效手段，这也提升了城市的竞争能力，从而带来了城市化的持续发展。赵淑玲和曹康（2005）[②]则从城市竞争力视角研究了产业集聚对城市化发展的影响，认为产业集聚通过提升城市竞争力和降低城市化成本的方式推动城市人口规模增长和空间拓展；朱智文（2007）[③]也有类似的观点，认为产业集聚有效地利用了土地和能源，并节约了大量的公共管理费用，使城市化的成本得到了有效降低；苏雪串（2003）[④]认为，产业集聚将形成产业集群，而产业集群由于产业间协同度的提升可以提高整体产业的竞争力，从而为城市化发展提供了良好的经济基础；吴丰林等（2011）[⑤]认为，产业集聚一旦形成，可以通过交易成本的下降、效率的提升、竞争的加剧等方式促进城市经济质量提升，从而保障城市具有经久不衰的竞争力。伴随着城市竞争力的不断提升，各类要素会继续向城市涌入，从而保证了城市化的持续发展能力。

最后，产业集聚不仅提高了城市化水平，同时还会对城市化空

[①] 葛立成：《产业集聚与城市化的地域模式——以浙江省为例》，《中国工业经济》2004年第1期。

[②] 赵淑玲、曹康：《产业集群与城市化关系问题研究》，《河南社会科学》2005年第2期。

[③] 朱智文：《基于产业集聚的城市化和城市化过程中的产业集聚》，《开发研究》2007年第6期。

[④] 苏雪串：《产业集群及其对城市化的影响》，《经济界》2003年第6期。

[⑤] 吴丰林、方创琳、赵雅萍：《城市产业集聚动力机制与模式研究的PAF模型》，《地理研究》2011年第1期。

间形态或结构产生一定的影响。Krugman（1990）①认为，随着产业向某个中心城市不断地集聚，导致集聚效应会逐渐下降，由于拥挤成本和技术溢出，产业有着向周边地区扩散的趋势，逐渐会形成低等级城市，这种过程会持续地进行，从而完整的城市体系被构建；Fujita 等（2001）②对这一理论进行了进一步的补充，提出了产业的向心力和离心力，以产业集聚和扩散的视角分析了城市体系空间结构变化；王世营和蔡军（2006）③基于中国长三角地区的实证分析，发现产业集聚对于城市空间扩张速度、结构和方向产生着重要的影响；高鸿鹰和武康平（2007）④依据中国城市数据，利用最小二乘法估算了集聚效率指数，发现集聚效率指数对城市规模分布有着同向的影响，产业集聚的同时城市人口也呈现向部分城市的集聚态势。

综上所述，产业集聚不仅提升了城市化水平，同时更多地依托于规模经济和集聚经济效应促成了城市化经济质量的提升，通过提升城市经济竞争力、完善城市体系结构等方面带来了城市化的可持续发展。

四 城市化发展对产业变迁影响的相关研究

城市作为现代产业发展的载体，是各类产业发展的重要外部环境，城市化发展意味着产业发展外部环境的改善，对产业发展有着促进作用。随着现代城市经济与产业发展对集聚经济依赖性的增强，学术界从集聚经济角度对城市化发展对产业变迁的影响进行了

---

① Krugman P., "Increasing Returns and Economic Geography", *National Bureau of Economic Research*, 1990.

② Fujita M. and Krugman P. R. and Venables A. J., *The Spatial Economy: Cities, Regions, and International Trade*, Cambridge, MA: MIT Press, 2001.

③ 王世营、蔡军：《产业集群对中小城市空间形态的影响研究——以长江三角洲地区中小城市为例》，《城市规划》2006 年第 7 期。

④ 高鸿鹰、武康平：《集聚效应，集聚效率与城市规模分布变化》，《统计研究》2007 年第 3 期。

研究。

（一）城市化发展对产业结构演变影响的研究

产业分工导致城市的出现和发展，而城市化发展也会进一步对分工产生重要影响。大量的研究表明城市化发展对产业结构演变有着直接的影响，武春友等（2010）[①]认为，城市化发展中城市人口规模的不断增长是产业结构演变的基本动力，城市化发展对产业结构演变的推动力伴随着二者水平的提高而不断增强；韩峰和李玉双（2010）[②]通过实证分析，发现城市化发展对产业结构演变具有正向冲击，城市化发展促使产业结构优化升级；李铁立和李诚固（2003）[③]将城市化发展对产业结构演变的推动效应总结为支撑效应、拉动效应和载体效应，认为城市化发展通过综合性的影响引发了产业结构的演变。

部分学者从三次产业结构划分标准分析了城市化对产业结构演变的推动。首先，在早期的城市化研究中，学者们认为城市化发展加速了工业化进程，由此推动了产业结构演变。胡彬（2000）[④]认为，城市化启动较早的欧美国家在城市化初始阶段城市化发展主要对工业发展起到了推动作用，大量的研究工作也集中在此；马仁锋等（2010）[⑤]也指出，在早期的城市化进程中，由于工业发展方兴未艾，城市化发展对工业化进程影响是比较明显的，进而引发了产业结构的演变。在后期的研究中，学术界逐渐关注到了城市化发展

[①] 武春友、梁潇、房士吉：《城市化对产业结构演进的作用机理研究——基于中国省际面板数据的实证》，《中国软科学》2010年第S2期。

[②] 韩峰、李玉双：《城市化与产业结构优化——基于湖南省的动态计量分析》，《南京审计学院学报》2010年第4期。

[③] 李铁立、李诚固：《区域产业结构演变的城市化响应及反馈机制》，《城市问题》2003年第5期。

[④] 胡彬：《从工业化与城市化的关系探讨我国城市化问题》，《财经研究》2000年第8期。

[⑤] 马仁锋、沈玉芳、刘曙华：《1949年以来工业化与城市化动力机制研究进展》，《中国人口·资源与环境》2010年第5期。

产业结构演变的推动主要体现在其对服务业的促进上，许学强等（1997）①认为，伴随着城市化的加速和市场交易可达性的提高，对自然资源和土地要素依赖较强的第二产业为寻求更低的生产成本将逐步退出城市，而对于第三产业来说，城市化的发展带来的人口快速集中满足了其市场门槛需求，其发展更具竞争力，由此城市化发展对产业结构演变起到了促进作用；Eberts and Randall（1998）②指出，相对于制造业，城市中服务业的发展更具优势，成为城市经济的代表；马鹏等（2010）③也持有相同观点，认为城市化发展促使生产性服务需求和生活性服务需求的增长，带来了第三产业的发展和产业结构的演变，而且城市化水平越高这种推动力越明显。由此可见，城市化发展在不同阶段对不同产业发展起到了促进作用，进而推动了整体产业结构的演变。

可以看出，在产业结构演变不断推动城市化发展的同时，城市化进程的深入依托多种影响促成了产业结构的高级化，尤其以城市化发展对三次产业结构演变的影响最为明显。

（二）城市化发展对产业发展的影响机制

产业集聚是现代产业发展中的重要特征，而城市化发展体现为人口等经济要素的集聚，所以集聚经济效应是城市化经济与现代产业发展中共有的经济机理，城市化发展通过集聚经济效应对产业升级发展起到了重要的助推作用。

首先，城市化发展为产业发展提供了资源供给。城市化发展为产业发展提供了劳动力、资本、技术和相关服务的支撑，保障了产业发展的基础，孙洪哲和刘琦（2011）④认为，城市化水平越高，

---

① 许学强、周一星、宁越敏：《城市地理学》，高等教育出版社1997年版。
② Eberts D. and Randall J. E., "Producer services, labor market segmentation and peripheral regions: the case of Saskatchewan", *Growth and Change*, Vol. 29, No. 4, 1998.
③ 马鹏、李文秀、方文超：《城市化、集聚效应与第三产业发展》，《财经科学》2010年第8期。
④ 孙洪哲、刘琦：《城市化与产业集聚互动机制研究》，《中国青年政治学院学报》2011年第2期。

城市在资源供给方面的能力越强,对产业发展的促进作用越明显,伴随着城市人力资源的集聚规模的扩大,技术知识的外部性影响越强,技术水平的提高和应用越迅速,能为产业发展提供更强的动力;Jaffe 等(1992)[①] 通过实证研究后发现,大城市申请专利中所引用本地专利的数量是小城市的 5—10 倍,同时发现 40% 的专利应用来源于不同领域的企业,说明技术知识溢出在城市规模越大的情况下越明显,且其溢出范围更为广泛。

其次,城市化发展为产业集聚提供了基本的市场需求。市场经济下产业内部企业的发展必须依赖于市场,城市化发展则催生和拓展了市场需求规模,为产业发展提供了源源不断的动力。田雪原(2000)[②] 指出,中国人口城市化水平的提高意味着更多的农村人口转为城市人口,而城市人口的消费水平高于农村人口,所以城市化发展或城市人口规模的扩张可以有效地提升市场需求水平;谢晶晶和罗乐勤(2004)[③] 通过对中国相关数据的实证分析后发现,中国城市化发展中需求的增长不仅依赖于城市人口规模的增长,城市化发展还能提升城市人口的平均消费水平;万勇(2012)[④] 对此进行了进一步的研究,发现城市化发展提升了城市人口的收入水平,同时增强了城市居民交易的可获得性和便利性,从而使消费需求进一步增长,进而拉动城市产业增长。

再次,城市化发展为产业发展提供了更好的基础设施。城市作为现代产业发展的承载体,其基础设施的改善对产业发展的外部环

[①] Jaffe A. B. and Trajtenberg M. and Henderson R., "Geographic localization of knowledge spillovers as evidenced by patent citations", *National Bureau of Economic Research*, 1992.
[②] 田雪原:《人口城市化驱动消费需求效应研究》,《中国人口科学》2000 年第 2 期。
[③] 谢晶晶、罗乐勤:《城市化对投资和消费需求的拉动效应分析》,《改革与战略》2004 年第 3 期。
[④] 万勇:《城市化驱动居民消费需求的机制与实证——基于效应分解视角的中国省级区域数据研究》,《财经研究》2012 年第 6 期。

境有着直接作用，应焕红（2002）①认为，城市基础设施建设具有综合性和网络性的特征，促进了交通、通信、管网等基础设施的完善，从而促进了产业向城市的集聚；吴丰林等（2010）②认为，基础设施的数量和质量决定了城市对厂商的吸引力，产业发展必须依靠迅捷的物流和信息流，城市化发展中基础设施的完善极大地改善了产业发展的外部条件。

最后，城市化发展为产业发展提供了良好的制度文化环境。产业发展除了依托良好的基础设施外，还需依赖于外部的制度和文化，而城市化发展则可以改善产业发展的软环境。袁海（2004）③认为，城市化发展中市场制度的完善，将极大地提升城市的对外开放度，各种经济资源可以在空间中自由流动和组合，对产业发展起到了推动作用；陆根尧和盛龙（2012）④通过分析后指出，城市中所建立的开放公平的市场为产业发展提供了公平的竞争环境和法律保障，有助于产业交易过程中形成平等的市场地位，通过交易成本的降低极大地促进了产业间合作与发展，同时良好的投资和交易环境有助于吸引外部经济资源，以促进产业进一步发展。

综上所述，城市化发展不仅对产业结构的高级化水平有着推动影响，更为重要的是城市化进程的深入依托于城市化经济效应，通过资源供给、市场需求、载体支撑和制度完善等方面促使产业自我发展能力提升，从而带来了产业变迁的持续发展动力。

五 产业变迁与城市化发展协调性的相关研究

产业变迁与城市化发展间具有紧密的交互影响，二者相互间的

---

① 应焕红：《加快产业集聚大力推进城市化进程——对浙江省温岭市城市化与产业集聚良性互动的案例分析》，《中共杭州市委党校学报》2002年第4期。

② 吴丰林、方创琳、赵雅萍：《城市产业集聚动力机制与模式研究进展》，《地理科学进展》2010年第10期。

③ 袁海：《包含制度因素的我国城市化动力机制的实证分析》，《首都经济贸易大学学报》2004年第2期。

④ 陆根尧、盛龙：《产业集聚与城市化互动发展机制研究：理论与实证》，《发展研究》2012年第10期。

适应与促进的共生过程在经济增长中均有体现，对于产业变迁和城市化发展来说，其自身的变动不仅影响对方，还会进一步反馈到自身演进中。二者间的这种关系同时也赋予了一种新的发展思路，在产业变迁和城市化发展相协调的前提下，利用其共生交互影响来促进二者整体发展，实现区域经济的快速稳定增长，但是如果产业变迁与城市化发展具有较大的差距，则这种交互效应可能相对较弱或转变为单向化效应，无法促成二者共同的发展，甚至造成二者发展的脱节，所以产业变迁与城市化发展间的协调关系对于二者交互发展具有至关重要的影响，对二者间协调性的研究具有重要意义。

对产业变迁和城市化发展间的协调性进行分析，首先要确定二者协调发展的标准，其中 Chenery 和 Syrquin（1975）① 提出的产业结构演变与城市化发展的标准模式最具代表意义，两位学者通过对多个国家在1950—1970年的相关数据进行分析，将工业化进程和城市化发展的关系通过9个层级的划分精确数量化，每一层级的工业化率和非农产业化率对应着一个确切的城市化率，伴随着工业化率和非农产业化率的提高，城市化水平也在不断提高。标准模式的提出不仅指出了产业变迁与城市化发展间的正向关系，更为重要的是为后期产业变迁与城市化发展协调性的研究提供了一种可资借鉴的标准，但是部分学者对其在中国的适用性提出了质疑。钟水映和胡晓峰（2003）② 认为，中国的城市化发展和产业变迁之间存在与其他国家不同的特征，套用国际经验模型对中国产业变迁与城市化发展进行评判是存在不足的；安虎森和陈明（2005）③ 指出，标准模型中并未对指标概念进行详细的界定，各国的指标差异较大，变换指标概念后再进行国际间的对比会得到不同的结论。鉴于此，学术

---

① Chenery H. B. and Syrquin M. and Elkington H., *Patterns of Development*, 1950 - 1970, London: Oxford University Press, 1975.
② 钟水映、胡晓峰：《对中国城市化发展水平滞后论的质疑》，《城市问题》2003年第1期。
③ 安虎森、陈明：《工业化、城市化进程与我国城市化推进的路径选择》，《南开经济研究》2005年第1期。

界也尝试用其他一般化标准对二者间的协调性进行分析，李世杰等（2004）①提出了将产业变迁与城市化发展划分为5个标准阶段，每一阶段中具体的产业结构类型与相应的城市化空间模式相对应；陈彦光（2010）②依据一般的城市化发展和产业变迁规律，将二者发展进程划分为4个标准阶段，每一阶段中具体的主导产业阶段与城市化水平增长时期相对应。这两种方法以更为普遍的视角反映了产业变迁与城市化发展间的对应关系，但其实质上是标准模式的一种改进和变异，同时由于其划分较为粗略，在一般情况下均符合实际，对产业变迁和城市化发展协调性判断的实际指导性不强。

综合来看，上述方法均存在明显的一个缺陷，就是通过单个指标的对比来验证产业变迁与城市化发展的协调性是缺乏严谨性的，产业变迁与城市化发展均为综合性发展过程，需从多方面来判断二者的协调性。

在此基础上，学术界利用多种方法综合性地对产业变迁与城市化发展的协调关系进行了分析。张晓棠（2005）③通过构建城市化子系统和产业结构子系统的综合指标体系，利用系统协调分析方法对陕西省产业结构演进与城市化发展的协调性进行了实证研究；张翔（2012）④利用灰色系统理论，在选取产业变迁和城市化发展相关数据的基础上，对兰州市产业变迁与城市化发展的协调性进行了分析和预测；张晓棠等（2010）⑤、杨立勋和姜增明（2013）⑥均以

---

① 李世杰、姚天祥、杨文新：《试论产业结构演变与城市化的关系——以兰州市为例》，《地域研究与开发》2004年第3期。
② 陈彦光：《中国人口转变、城市化和产业结构演变的对应关系研究》，《地理研究》2010年第12期。
③ 张晓棠：《陕西省城市化与产业结构协调发展水平研究》，《经济与管理》2005年第1期。
④ 张翔：《兰州市城市化与产业结构协调发展研究》，《西北师范大学学报》（自然科学版）2012年第6期。
⑤ 张晓棠、宋元梁、荆心：《基于模糊评价法的城市化与产业结构耦合研究——以陕西省为例》，《经济问题》2010年第1期。
⑥ 杨立勋、姜增明：《产业结构与城镇化匹配协调及其效率分析》，《经济问题探索》2013年第10期。

耦合发展的视角，在构建相关综合性指标体系的基础上，分别以模糊评价法和匹配性分析法对产业变迁与城市化发展的协调性进行了分析和判断。

综上所述，以上几种方法虽然在分析手段选择及综合性指标体系构建上存在差异和局限性，但为产业变迁与城市化发展的协调性分析带来了一定的思路和启发，为未来的相关研究奠定了基础。

第二节　主要理论基础

在对西北地区产业变迁和城市化发展进行相关分析之前，应对涉及的相关经济学理论进行梳理和总结，以便为后期的研究工作打下坚实的理论基础。本书涉及的经济学相关理论有：集聚经济理论、空间经济学理论、区域经济增长理论、协同学理论。

一　集聚经济理论

集聚经济是现代经济的重要特征之一，集聚经济通过多方面影响对经济活动的成本有着重要影响，恩格斯曾经指出"像伦敦这样的城市，二百五十万人聚集在一起，使这二百五十万人的力量增长了一百倍"[①]，对集聚经济作了形象的概括和描述。现代经济中的产业集聚和城市化现象从根本上来说均是集聚经济的直接表现，从另一个方面来讲集聚经济也是连接产业变迁和城市化发展的纽带和桥梁。集聚经济效应发挥的根本原因在于经济活动的外部性，主要通过劳动供需的匹配、中间投入品的共享、知识技术的外溢、消费的经济性等途径对经济活动起到了助推增长。

劳动力的人力资本及技术水平存在较大的个体间差异，而企业对于劳动力的需求也有其专门的指向性，在现实经济中劳动力的供需匹配需要花费大量的时间和成本，而劳动力和企业的空间集聚将

---

① 恩格斯：《英国工人阶级状况》，人民出版社1962年版。

有效地降低这一市场交易成本，增强劳动力市场供需匹配的效率。马歇尔（1964）① 指出，工人可以由于企业的集中降低其失业的可能性，也可以接受相对较低的工资而愿意在一个劳动需求相对旺盛的地方就业。Rotemberg 和 Saloner（2000）② 从一个角度指出了经济集聚中的劳动力共享，认为工人集聚并非为了规避失业，而是为了摆脱企业人力资本专有性的束缚。出于更高收入和更低失业率的寻求，具有相同背景的工人倾向于向专门化企业集中的区域集聚，使劳动力市场双方的地位更加均衡，同时使工人有了更多的选择余地，另外企业也可以有更多的劳动力供给选择，保障了其生产的高效增长。

现代产业发展促成了经济分工进一步深化，企业往往处于产业链中的某一环节，这种变化带来了专门化生产的效率，同时也要求企业间联系的紧密程度较强，企业对上游企业投入品的依赖性日益凸显，作为下游企业往往会选择在中间投入品厂商相对集中的区域布局，这样便于下游企业将部分投入品生产外包给中间投入品厂商，可以使自身生产效率得以提升的同时，有效降低中间投入品的市场交易成本。Stigler（1951）③ 和 Holmes（1999）④ 均指出经济集聚将促使企业生产的垂直分工，企业会将一些投入品生产环节从其一体化生产中剥离出去，让专门化厂商承担此类生产。这表明分工的深化和集聚程度的加强有着密不可分的联系，而造成这一联系的直接原因就是中间投入品的共享效应。

科学技术对现代经济的推动日益凸显，知识和技术的应用或促

---

① 马歇尔：《经济学原理》，商务印书馆1964年版。
② Rotemberg J. J. and Saloner G., "Competition and Human Capital Accumulation: a Theory of Interregional Specialization and Trade", *Regional Science and Urban Economics*, Vol. 30, No. 4, 2000.
③ Stigler G. J., "The Division of Labor is Limited by the Extent of the Market", *The Journal of Political Economy*, Vol. 59, No. 3, 1951.
④ Holmes T. J., "Localization of Industry and Vertical Disintegration", *Review of Economics and Statistics*, Vol. 81, No. 2, 1999.

成经济活动中效率的提升，而通过近距离的交流无疑会极大地促进知识和技术的流动和扩散，使经济生产效率的提升更为普遍。尤其对于具有类似技术应用的企业来说，空间上的接近有助于其共享行业技术和生产工艺的革新，同时技术人才的集中，可以通过相互交流促成知识技术更为完善，从而不断推动经济增长。Jaffe 等（1992）① 通过对美国专利引用的实证研究，指出企业远离知识源地将极大地影响知识技术的应用增长，距离越远接受新知识的困难越多，证明了地理邻近对于知识技术溢出有着重要的影响。

受到现实经济活动中信息不完全的限制，消费者在消费过程中必须花费一定的时间去搜寻满足自身效用的商品，同时消费者具有多样化偏好，须通过多种商品的组合消费才能获取更高的消费效用。为了更好地迎合上述消费者行为特征，企业会存在向市场集聚的倾向，一方面可以节省消费者的搜寻成本，另一方面还可以通过替代效应满足消费者多样化消费的需求。当一个区域中生产活动越为集中，其产品的多样化程度就越高，在运输成本为正和消费多样化偏好的假定下，生产活动的成本将得到有效降低。同时 Glaeser 等（2001）② 指出，伴随着集聚程度的提升，集聚区域的人均消费将出现明显增长，集聚会进一步带来消费市场的扩张，带来上述经济效应进一步的增强。

产业集聚是产业变迁的重要内容，同时城市化发展也体现为经济要素向城市集中，二者的变动中均存在集聚的特征，集聚经济在产业变迁和城市化发展进程中势必发挥着重要的影响，是本书中重要的理论基础之一。

---

① Jaffe A. B. and Trajtenberg M. and Henderson R., "Geographic Localization of Knowledge Spillovers as Evidenced by Patent Citations", *National Bureau of Economic Research*, 1992.

② Glaeser E. L. and Kolko J. and Saiz A., "Consumer City", *Journal of Economic Geography*, No. 1, 2001.

二 空间经济学理论

空间经济学关注稀缺资源的空间配置和经济活动的区位选择，对其概念理解的不同其研究领域也有所不同，但总体上来讲主要集中于两个方面，一方面经济活动必然有其空间载体，所以经济活动中的一切现象均在空间经济学研究领域中；另一方面空间经济学与其他经济学有着截然不同的研究聚焦点，空间经济学研究更为关注经济活动的区位选择问题。

现代空间经济学采用主流经济学范式研究与空间区位相联系的经济活动或现象，Krugman 被认为是这一学科的奠基人，1991 年 Krugman 提出的中心—外围模型（Core – Periphery Model）成为空间经济学研究中的基础理论[①]，该理论以两地区两部门为基本假设，在垄断竞争、规模经济和多样化偏好的基本元素基础上展开严谨的数理分析，研究了经济活动的区位选择，该理论认为规模报酬递增和市场接近效应成为经济活动的向心力，运输成本和市场拥挤成为经济活动的离心力，向心力和离心力的对比决定了经济活动集聚或扩散。向心力和离心力随贸易成本的下降而减弱，但离心力的减弱速度相对较快。在空间贸易成本较大的情况下，离心力会相对大一些，这时市场拥挤效应占优势，经济系统内存在负反馈机制产业的均衡分布得以稳定。当空间贸易成本下降到某一临界值时，向心力超过分散力，市场的接近性优势超过了市场拥挤劣势，均衡分布被打破，现代部门向某一区域集中，随之初始均衡分布结构演变为非均衡分布结构。中心—外围模型展示了对全球范围的城市化爆发性推进、大都市迅速成长而城市周围的乡村地区人口锐减等现实情形的巨大解释力，同时伴随着未来贸易成本的下降，根据中心—外围理论，集聚和城市化无疑将得到进一步增强。

---

① 梁琦：《空间经济学：过去、现在与未来——兼评〈空间经济学：城市、区域与国际贸易〉》，《经济学（季刊）》2005 年第 3 期。

在中心—外围模型基础上，Martin 和 Rogers（1995）[①] 提出了资本空间流动模型，Forslid 和 Ottaviano（2001）[②] 提出了人力资本空间流动模型，从而形成了完整的经济要素空间流动理论，这些理论与中心—外围模型的研究范式是一脉相承的，仍然以向心力和离心力作为基本的研究工具。经济要素的空间流动理论指出经济要素会向实际收益或预期收益较高的地方流动，并有着其动态的变化，认为假如一个区域以较高的实际收益或预期收益不断使要素集中，假使要素的流入能够继续强化这一优势，则集聚将持续进行，但是要素的流入一旦将这一优势削弱，则经济要素将在空间中扩散。

空间经济学还立足于中心—外围模型建立了关于城市体系的空间理论模型。在单一地理中心中，有一个制造业集聚而成的孤立城市，四周被农业腹地包围。但当人口不断发展达到一定程度时，此时孤立城市中某些制造业会向城市外迁移，从而导致新城市的形成。人口的进一步增长又会生成更多的城市，然后继续向下发展。一旦城市的数量足够多，城市规模和城市间的距离在离心力和向心力的相对强度下将在某一固定水平稳定下来，如果经济中有大量规模各异和运输成本不同的行业，经济将形成层级结构。该理论刻画了一个既有城市的市场潜力函数对城市体系的形成进行了解释，认为随着城市周围农业人口的增长在空间上不断变化，这种变化导致某些产业在既有城市集聚到一定程度后会被城市边界以外的农业区的某些新区位吸引而发生产业转移，于是这些新区位开始新的产业集聚过程并成长为新城市，新城市在与既有城市相互作用的过程中不断发展变化，它们的共同作用还会进一步在更外围的农业区催生更新的城市，这个过程可以连续进行，从而使城市体系得以形成并

[①] Martin P. and Rogers C. A., "Industrial Location and Public Infrastructure", *Journal of International Economics*, Vol. 39, No. 3, 1995.

[②] Forslid R. and Ottaviano G., "Trade and Location: Two Analytically Solvable Cases", *Mimeo*, 2001.

不断演化①。

产业变迁与城市化发展的进程中除其规模和水平的变化之外，更为重要的是体现了经济要素在空间的流动，二者空间布局的变化也是本书的重要内容，空间经济学理论成为该研究重要的指导理论。

三　区域经济增长理论

从区域经济增长理论的发展历程来看，区域经济增长理论主要经历了由区域经济均衡增长理论到区域经济非均衡增长理论的发展历程。其中区域均衡增长理论为新古典经济学理论的延伸，主要包括大推进理论、平衡增长理论等，而区域非均衡增长理论主要包括不平衡增长理论、循环累积因果效应理论以及增长极理论等。

均衡增长理论是以新古典经济增长模型为理论基础发展起来的。其中又有两种代表性理论，即 Rosenstein – Rodan 的大推进理论和 Nurkse 的平衡增长理论。大推进理论的核心是外部经济效果，即通过对相互补充的部门同时进行投资，一方面可以创造出互为需求的市场，解决因市场需求不足而阻碍经济发展的问题；另一方面可以降低生产成本，增加利润，提高储蓄率，进一步扩大投资，消除供给不足的"瓶颈"②。平衡发展理论认为，落后国家存在两种恶性循环，即供给不足的恶性循环（低生产率—低收入—低储蓄—资本供给不足—低生产率）和需求不足的恶性循环（低生产率—低收入—消费需求不足—投资需求不足—低生产率），而解决这两种恶性循环的关键，是实施平衡发展战略，即同时在各产业、各地区进行投资，既促进各产业、各部门协调发展，改善供给状况，又在各产业、各地区之间形成相互支持性投资的格局，不断扩大需求。因

---

① 殷广卫：《空间经济学对称核心—边缘模型解读》，《西南民族大学学报》（人文社会科学版）2008 年第 8 期。

② Rosenstein – Rodan P. N., "Problems of Industrialisation of Eastern and South – eastern Europe", *The Economic Journal*, Vol. 53, No. 1, 1943.

此，平衡发展理论强调产业间和地区间的关联互补性，主张在各产业、各地区之间均衡部署生产力，实现产业和区域经济的协调发展①。

区域经济均衡增长理论的出发点是为了促进产业协调发展和缩小地区发展差距。但是一般区域通常不具备平衡发展的条件，欠发达区域不可能拥有推动所有产业同时发展的雄厚资金，如果少量资金分散投放到所有产业，则区域内优势产业的投资将得不到保证，不能获得好的效益，其他产业也不可能发展起来。即使发达区域也由于其所处区位以及拥有的资源、产业基础、技术水平、劳动力等经济发展条件不同，不同产业的投资会产生不同的效率，因而也需要优先保证对具有比较优势的产业进行投资，而不可能兼顾到各个产业的投资。所以平衡发展理论在实际应用中缺乏可操作性，由此区域经济非均衡增长应运而生。

不平衡增长理论是由经济学家 Hirschman 所提出的，该理论认为，增长在国家间或区域间的不平等是增长本身不可避免的伴生物和前提条件。核心区或增长点的增长动力主要来源于核心内所出现的集聚经济效益和动态增长气氛，但是，核心区增长的累积性集中并不会无限地进行。核心区对外围区有两种经济反应，即涓滴效应和极化效应。从长期看，地理上的涓滴效应将足以缩小区域差距，但是涓滴效应的出现需要周密的政府干预②。1970 年，Kaldor 进一步发展了这一理论，提出了相对有效工资的概念。所谓相对有效工资，是指相对于生产率增长如某一比例的货币工资，它决定了市场中区域份额的上升或下降。一般说来，相对高效工资越低，产出增长率越高。由于各种社会关系的原因，货币工资及其增长率在所有区域可能一样，但由于报酬递增，较高的货币工资增长率将发生在

---

① Nurkse R., "Some International Aspects of the Problem of Economic Development", *The American Economic Review*, Vol. 42, No. 2, 1952.

② Hirschman A. O., *The Strategy of Economic Development*, New Haven: Yale University Press, 1958.

产出增长较快的区域里,这些区域就出现了较低的有效工资。因此,相对快速增长的区域比相对低速增长区域具有累积性优势,产出增长率的上升导致了较高的生产率,高生产率降低了有效工资,有效工资的下降又导致了较高的产出增长率。如此循环往复,导致区域经济之间的相互促进和不断发展[①]。

循环累积因果效应是由瑞典经济学家 Myrdal 在 1957 年提出的,提出了地理上的二元经济理论,强调扩散效应和回波效应的作用,说明了发达地区优先发展对其他落后地区的促进作用和不利影响,提出既要充分发挥发达地区的促进作用,又要采取适当的政策来刺激落后地区的发展,以消除发达地区与落后地区并存的二元经济结构。地理上的二元经济产生的原因在于各地区经济发展的差别性,主要是地区之间人均收入和工资水平差距的存在。在经济发展初期,各地区人均收入、工资水平和利润率都是大致相等的,而且生产要素可以自由流动。但如果某些地区受到外部因素的作用,经济增长速度快于其他地区,经济发展就会出现不平衡。这种不平衡发展到一定程度,就会使地区间的经济发展、人均收入、工资水平和利润率等产生差距,这种差距进而会引起累积性因果循环,使发展快的地区发展更快,发展慢的地区发展更慢,从而逐渐扩大地区间经济差距,形成地区性的二元经济结构[②]。

增长极理论是由法国经济学家 Perroux 于 1955 年提出的。这一理论的核心思想是:在经济增长中,由于某些主导部门,或有创新能力的企业,或行业在某一些地方或大城市聚集,形成资本与技术高度集中、具有规模经济效益、自身增长迅速并能对邻近地区产生强大辐射作用的增长极,通过具有增长极的地区优先增长,可以带动相邻地区的共同发展。而增长极正是由主导部门和有创新能力的

---

① Kaldor N., "The Case for Regional Policies", *Scottish Journal of Political Economy*, Vol. 17, No. 3, 1970.

② Myrdal G., *Economic Theory and Under Developed Regions*, London: Duckworth, 1957.

企业、在某些地区或大城市的集聚发展而形成的经济活动中心；这些中心具有生产中心、贸易中心、金融中心、信息中心、服务中心、决策中心等多种职能，就像一个磁场，能够产生吸引和辐射作用，也正是这种作用使增长极能促进自身并带动周边地区的发展①。

对于西北地区产业变迁与城市化发展进行研究重要的目的是为了缩小西北地区与全国其他区域的经济差距，同时对平衡区内经济差距也有重要的意义，从这个角度来看该研究属于区域经济增长研究的一个方面，应利用区域经济增长理论对研究进行指导。

四 协同学理论

协同学也称协同论或协和学，是研究不同事物共同特征及其协同机理的新兴学科，是近十几年来获得发展并被广泛应用的综合性学科。它着重探讨各种系统从无序变为有序时的相似性。协同论的创始人 Haken 说过，他把这个学科称为"协同学"，一方面是由于我们所研究的对象是许多子系统的联合作用，以产生宏观尺度上结构和功能；另一方面它又是由许多不同的学科进行合作，来发现自组织系统的一般原理。协同学把一切研究对象看成是由组元、部分或者子系统构成的系统，这些系统彼此之间会通过物质流、能量流或者信息流等方式相互作用，通过这种作用，整个系统将形成一种整体效应或者一种新型的宏观结构。

协同论认为千差万别的系统尽管其属性不同，但在整个环境中各个系统间存在相互影响而又相互合作的关系。其中也包括通常的社会现象，如不同单位间的相互配合与协作，部门间关系的协调，企业间相互竞争的作用，以及系统中的相互干扰和制约等。协同论指出大量子系统组成的系统，在一定条件下由于子系统相互作用和协作，这种系统的研究内容可以概括地认为是研究从自然界到人类

---

① Perroux F., "A Note on the Notion of Growth Pole", *Applied Economy*, Vol. 1, No. 2, 1955.

社会各种系统的发展演变，进而探讨其转变所遵守的共同规律。应用协同论方法可以把已经取得的研究成果类比拓宽于其他学科，为探索未知领域提供有效的手段，还可以用于找出影响系统变化的控制因素，进而发挥系统内子系统间的协同作用。协同论揭示了物态变化的普遍程式："旧结构—不稳定性—新结构"，即随机力和决定力之间的相互作用把系统从它们的旧状态驱动到新组态，并且确定应实现的那个新组态[①]。由于协同论把它的研究领域扩展到许多学科，并且试图对似乎完全不同的学科之间增进"相互了解"和"相互促进"，协同论成为软科学研究的重要工具和方法。

协同论具有广阔的应用范围，它在经济学、社会学以及管理科学等许多方面都取得了重要的应用成果。产业变迁与城市化发展均为经济发展中的重要进程，同时二者兼具有着紧密的联系，如何利用二者间相互适应、相互促进的关系不断推动二者发展是本书的重要内容，在该研究中协同学理论具有参考和借鉴价值。

本章小结

城市化发展和产业变迁作为经济社会发展的两大热点问题，国内外学术界长久以来的研究形成了丰硕的理论成果，分别通过对城市化发展和产业变迁研究中代表性成果的分析，梳理了二者研究的主要内容，并对形成的主要观点进行了归纳。在此基础上，进一步对学术界基于二者间相互关系的研究进行了归纳和总结，明晰了二者间存在的影响机理和途径，并对研究涉及的相关主要理论进行了梳理和总结，为后期进行的西北地区产业变迁与城市化发展研究奠定了理论框架和基础。

---

① 哈肯：《协同学：大自然构成的奥秘》，上海译文出版社 2005 年版。

第三章 西北地区产业变迁进程分析

产业变迁是经济发展的重要原动力,纵观世界经济发展史,每一次经济腾飞均伴随着产业的革新与发展,对于区域经济来说也是如此。产业变迁对经济发展的作用举足轻重,产业变迁还意味着区域经济资源的优化配置,促使区域经济效率和质量提升,同时产业变迁导致经济要素产业间的转移和流动,会引发区域经济结构的变化。对于西北地区这样一个经济发展较为落后区域来讲,探究其产业变迁进程有着重要的意义。

第一节 西北地区产业结构演变

产业结构是衡量区域产业发展水平的重要指标,是指各产业在整体中的分布状态,一般用各产业所占总量的比例来反映产业结构。对于产业的划分,学术界有多个标准,常见的有三次产业划分、要素密集型划分、生活资料与生产资料两部门划分等标准,其中三次产业划分是最为普遍的,三次产业划分最早由英国经济学家 Fisher(1939)[①] 所提出,其中第一产业是指包括种植业、林业、畜牧业等在内的农业,第二产业主要包括建筑业和工业,第三产业主

---

① Fisher A. G. B., "Production, Primary, Secondary and Tertiary", *Economic Record*, Vol. 15, No. 1, 1939.

要包括流通业和服务业在内的其他产业。三次产业划分下的产业结构一般以三次产业产值或就业占区域总量的百分比来反映。

产业结构演变有其内在规律性，经济学界对其进行了大量的研究，代表性的观点有配第—克拉克定律、钱纳里模式、罗斯托起飞理论和霍夫曼定律等，以三次产业划分产业结构一般在区域经济发展初期呈现为"一、二、三"的结构，体现为第一产业比重最高，第二、第三产业次之，伴随着区域经济的进一步发展和工业化进程的启动，逐步转变为以工业为主的"二、一、三"或"二、三、一"的产业结构，在快速工业化进程结束后，区域经济发展中主要以现代服务业为主，产业结构最终将演变为"三、二、一"的结构。这一产业结构变迁的历程在不同区域经济发展进程中均得到了验证，符合经济发展的规律。

一　西北地区产业产值结构演变分析

伴随着西部大开发战略计划的不断深入和工业化进程的加速启动，西北地区经济发展得到了长足的发展，其首先反映在产业结构演变之上。图3-1反映了2005—2012年全国和西北地区产业产值结构的演变，图中数据来源于《中国统计年鉴（2006—2013）》，如图3-1所示，2005—2012年西北地区产业产值结构呈现出明显的进步，具体来看，三大产业产值虽均有增长，但第二产业产值增长是最为迅速的，2005—2012年西北地区第二产业产值由4500亿元增长至16407亿元，年均增长率达到20.29%，同一时期第一产业产值和第三产业产值虽也有所增长，分别由1391亿元和3736亿元增长至3845亿元和11589亿元，但二者增长率仅为15.64%和17.55%，明显低于第二产业增长速率。增长速率的差异直接带来了产业产值结构的变化，2005—2012年三大产业中第二产业的产值比重不断提高，由46.74%提升至51.52%，而第一产业和第三产业的产值比重则不断下降，2005—2012年二者比重分别由14.45%和38.81%下降至12.08%和36.39%，说明这一时期西北地区工业化进程呈加速增长趋势,产业结构体现为以工业为主的"二、三、一"结构。

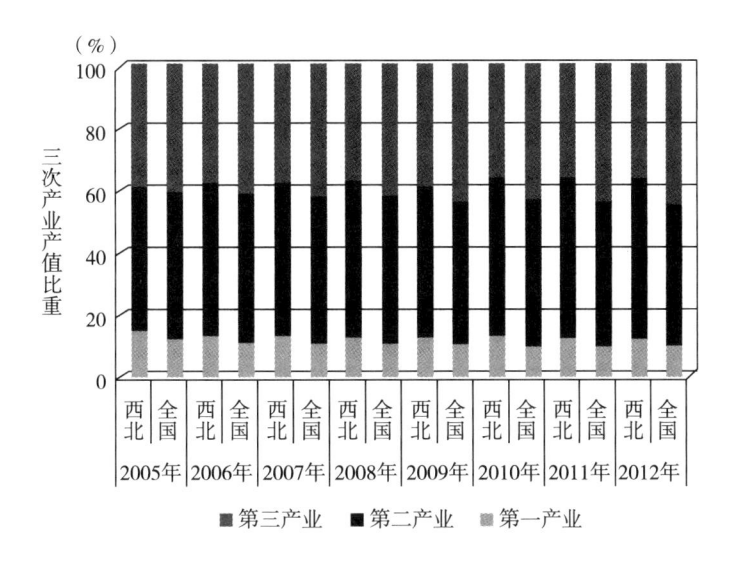

图 3-1　2005—2012 年全国与西北地区产业产值结构演变

西北地区深居内陆,经济禀赋较弱,工、农业发展相对迟缓,加之距离沿海发达经济区较远,产业承接难度较大,其产业结构相对全国平均水平是滞后的。图 3-1 反映了 2005—2012 年西北地区和全国三次产业产值结构的对比,可以看到西北地区产业结构明显落后于全国平均水平,而且其差距呈扩大趋势。2005 年全国三次产业产值结构为 12.12∶47.37∶40.51,而同期西北地区三次产业产值结构为 14.45∶46.74∶38.81,西北地区第二、第三产业产值比重低于全国平均水平,到了 2012 年全国三次产业产值结构转变为 10.08∶45.27∶44.65,说明全国整体工业化加速增长时期已经结束,经济发展中以现代服务业为主,第三产业得到了快速增长,产业结构逐渐由"二、三、一"结构向"三、二、一"结构转变,而 2012 年西北地区三次产业产值结构为 12.08∶51.52∶36.40,说明西北地区仍处于第二产业加速增长时期,其产业结构中第二产业比重在不断提升，未实现由"二、三、一"结构向"三、二、一"结构的转变。

从西北五省区产业产值结构演变来看，五省区产业产值结构基本相似又各具特点。表3-1反映了2005—2012年西北五省区产业产值结构的演变，如表3-1所示，五省区产业产值结构均体现为"二、三、一"的结构，且第一产业产值比重均存在下降的趋势，第二、第三产业产值比重呈上升势头，但存在省区间的差异，具体来看陕西和青海第二产业产值比重增长较为明显，同时第一、第三产业产值比重在不断下滑，导致第二产业产值比重相对较高，说明其第二产业增长优势十分明显，经济要素加速向第二产业集中；宁夏第二产业产值比重虽有所增长，但仍然落后于陕西和青海，但其第三产业产值比重是最高的，说明其经济发展中第二、第三产业协同度较高；甘肃和新疆第二产业产值比重增长有限，产值比重也相对较小，而第三产业比重相对稳定，第一产业产值比重略有下滑，且甘肃和新疆的第一产业产值比重在五省区中是较高的，说明其工业化进程相对迟滞，落后于其他三个省区。

二 西北地区产业就业结构演变

产业结构演变的重要推力来源于不同产业在不同时期的经济效率，产业间经济效率的差异带来了经济要素在不同产业间的转移，其中包括劳动力的流动，从而引发产业就业结构的变化。

图3-2反映了2005—2012年全国和西北地区产业就业结构的变迁，图中数据来源于《中国统计年鉴（2006—2013）》，如图3-2所示，2005—2012年西北地区产业就业结构随着产值结构演变出现了明显的变化，具体来看第二产业的就业增长是最明显的，其增长幅度和速率在三次产业中是最高的，2005—2012年西北地区第二产业就业人数从812万增长至1169万，增长幅度为357万，年均增长率达5.34%，第三产业就业人数虽也有所增长，但增长幅度较小，2005—2012年西北地区第三产业就业人数从1398万增长至1601

万，年均增长率仅为1.96%，而第一产业就业人数出现了下滑，2005—2012年西北地区第一产业就业人数从2540万减少至2424万，减少了116万人，年均递减率为0.66%，说明在经济发展中，第一产业就业是净流出的，第二、第三产业就业实现了净流入，产业间劳动力的转移比较明显，但是仍未改变西北地区产业就业的基本结构，从整体来看，2005—2012年西北地区产业就业结构保持为"一、三、二"的结构。

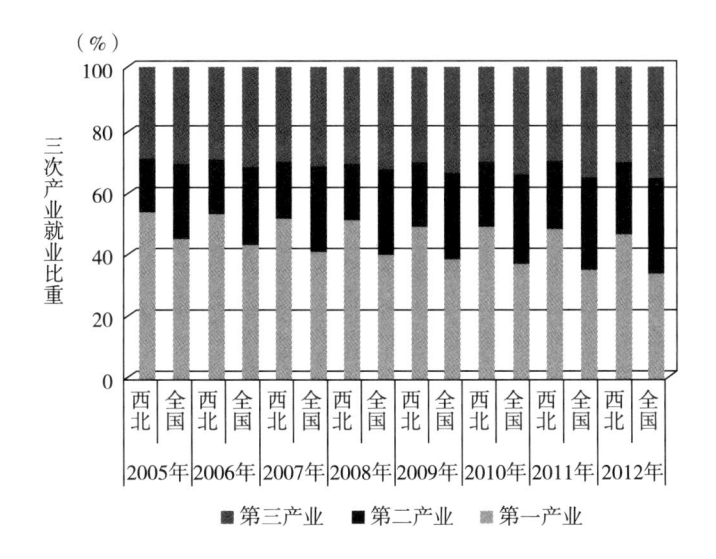

图3-2 2005—2012年全国与西北地区产业就业结构演变

从全国与西北地区产业就业结构的对比来看，西北地区的产业就业结构凸显出其产业发展中就业困境。如图3-2所示，2005—2012年全国产业就业中第一产业就业比重从44.80%下降至33.60%，降幅达11.2%，而西北地区仅从53.48%下降至46.67%，降幅仅为6.81%，第一产业劳动力转移是第二、第三产业就业增长的重要源泉，从全国来看第一产业的劳动力净流出是非常明显的，有效提升了第二、第三产业的就业规模，同时也说明从全国范围来看，第一产业对劳动要素的依赖在不断下降，资本和技

表3-1 2005—2012年西北五省区产业产值结构演变

单位：%

年份	陕西	甘肃	青海	宁夏	新疆
2005	11.08:49.61:39.32	15.93:43.36:40.71	12.03:48.70:39.27	11.76:45.88:42.36	19.58:44.73:35.69
2006	10.22:51.70:38.08	14.67:45.81:39.53	10.42:51.18:38.40	10.96:48.43:40.61	17.33:47.92:34.75
2007	10.29:51.87:37.83	14.33:47.31:38.35	10.46:52.55:36.99	10.65:49.51:39.84	17.85:46.76:35.39
2008	10.30:52.79:36.91	14.60:46.43:38.97	10.36:54.69:34.94	9.88:50.67:39.45	16.52:49.50:33.98
2009	9.67:51.85:38.48	14.67:45.08:40.24	9.93:53.21:36.86	9.40:48.94:41.66	17.76:45.11:37.12
2010	9.76:53.80:36.44	14.54:48.17:37.29	9.99:55.14:34.87	9.43:49.00:41.57	19.84:47.67:32.49
2011	9.76:55.43:34.81	13.52:47.36:39.12	9.28:58.38:32.34	8.76:50.24:41.00	17.23:48.80:33.97
2012	9.48:55.86:34.66	13.81:46.02:40.17	9.34:57.69:32.97	8.52:49.52:41.96	17.60:46.39:36.02

资料来源：《中国统计年鉴（2006—2013）》。

表3-2 2005—2012年西北五省区产业就业结构演变

单位：%

年份	陕西	甘肃	青海	宁夏	新疆
2005	48.43:18.62:32.95	63.67:14.66:21.68	49.50:17.40:33.10	48.43:22.26:29.31	51.54:15.51:32.95
2006	48.14:18.88:32.98	63.23:14.79:21.98	47.30:19.20:33.50	45.47:23.40:31.13	51.06:13.71:35.45
2007	46.35:19.92:33.73	62.66:15.00:22.34	44.30:20.60:35.10	45.73:22.66:31.61	50.30:14.25:35.39
2008	44.58:20.60:34.82	62.35:15.12:22.53	44.50:21.30:34.20	44.87:25.07:30.07	49.71:14.16:36.13
2009	42.53:23.91:33.56	62.01:15.26:22.73	43.00:21.90:35.10	39.82:25.78:34.40	49.35:14.69:35.95
2010	41.26:27.05:31.69	61.61:15.36:23.03	41.40:22.60:36.00	39.59:26.37:34.03	48.97:14.84:36.19
2011	40.02:28.41:31.57	61.26:15.43:23.31	39.40:23.90:36.70	37.98:27.16:34.86	48.66:15.63:35.70
2012	38.76:29.80:31.44	60.45:15.64:23.91	37.02:23.97:39.01	36.41:27.92:35.67	48.73:15.61:35.66

资料来源：《中国统计年鉴（2006—2013）》。

术要素的重要性日益增强,保证了在农业产值增长的同时,劳动力需求在减少,可以为其他产业提供更多的劳动要素投入,而西北地区第一产业发展中资本和技术要素的匮乏使其生产效率低下,依然过度依赖劳动投入,大量的劳动力被束缚在农业土地之上,转移至第二、第三产业的难度较大,直接导致第二、第三产业就业比重难以得到有效提高。2005—2012年全国第二、第三产业就业比重分别从23.80%和31.40%提高至30.30%和36.10%,而同期西北地区第二、第三产业就业比重仅从17.10%和29.42%提高至22.50%和30.83%,从整体产业就业结构变迁来看,全国已实现从"一、三、二"结构向"三、一、二"结构的转变,而西北地区基本保持第一产业为主的"一、三、二"结构。

从西北五省区产业就业结构演变来看,与五省区产业产值结构演变呈同步变化。表3-2反映了2005—2012年西北五省区产业就业结构的演变,如表3-2所示,2005—2012年西北五省区第一产业就业比重不断下降,第二、第三产业实现了不同程度的就业增长,具体来看,陕西、青海和宁夏第一产业就业比重下降速率较快,至2012年均下降至40%以下,第二、第三产业就业比重不断提升,实现了劳动力在产业间的有序转移,而甘肃和新疆第一产业就业比重下降有限,至2012年仅下降至60.45%和48.73%,从而导致第二、第三产业就业比重的提升幅度不大,劳动力在产业间的转移并不明显。

第二节 西北地区产业变迁的空间演变分析

西北地区地域广阔,区域内部经济发展水平不一,仅以全域视角或省域尺度进行产业结构分析进而对西北地区产业变迁状况作出判断是不足的,所以有必要对区域内部产业变迁状况进行判断和比较,同时产业结构的演变意味着经济要素在产业间的转移,由于产业分布的非均衡性,经济要素在产业间的流动往往意味着其在空间上的流动，进而引发产业空间布局的变化，产业空间布局的演变也是产业变迁进程中的重要特征之一。

出于统计指标的可采集性和统一性，以空间视角对西北地区产业发展进行研究时将地级行政区域作为基本地域尺度，其中相关数据来源于五省区统计年鉴（2006—2013 年）。西北地区下辖 5 个省级行政区域，包括 30 个地级市、8 个地区和 13 个民族自治州，共 51 个地级行政区域。

一　西北地区产业规模空间演变

伴随着西部大开发战略的不断深入，西北地区经济呈现快速增长的趋势，而经济的不断增长首先体现在产业规模之上，2005—2012 年西北地区三大产业规模出现了明显的增长，在整体规模不断增长的同时其内部产业分布势必发生变化，所以有必要对西北地区内部产业规模分布进行深入分析。

从西北地区第一产业规模分布及其演变来看，存在一定的空间差异但其演变相对均衡。2005 年西北各地区间第一产业产值较低且存在明显差异，从区域分布来看，新疆和陕西部分地区的第一产业产值较高，而其他地区产值相对较低，最高的为伊犁，其产值达 123.17 亿元，而最低的嘉峪关仅为 1.15 亿元，至 2012 年各地区第一产业产值均得到了明显的增长，同时从区域分布来看未发生明显变化，高值区域和低值区域仍然与 2005 年相似，伊犁和嘉峪关仍为最高值和最低值地区，产值分别为 345.46 亿元和 3.75 亿元，其产值均增加了 3 倍，其他地区的增长幅度也维持在这个比例左右，说明各地区第一产业增长依赖于农业自然禀赋，受制于土地要素的约束，产业要素并未出现明显的空间流动，使地区间相对差异仍然存在并基本保持稳定。

第二产业发展过程中要素流动较之第一产业更为活跃，从而在其发展过程中引发区域差异的变化更大，从西北地区第二产业规模分布及其演变来看亦是如此。2005 年西北各地区间第二产业产值规模有一定差异但并不明显,产值较高的地区均为早期工业型城市,其工业发展基础相对较为完善,如西安、克拉玛依、延安、榆林、兰州等,而其他地区尤其是以农牧业为主的地区,其工业基础相对薄弱,第二产业规模均较小,至2012年,西北各地区的第二产业产值规模均出现增长,但地区间增长幅度的差异明显,榆林、西宁、海西等地区的增长速度明显高于其他地区,其他部分前期第二产业产值规模较大的地区增速也明显高于产值规模较小的地区,导致地区间差异不断拉大。2005年第二产业产值规模较大的地区分布较为分散,而至2012年产值规模较大的地区呈现集中的趋势,如在兰州周边和西安周边出现了高值集聚区域。

西北地区第三产业规模分布存在明显的地区差异且有进一步拉大的趋势。2005年西北各地区间第三产业产值规模除个别地区较大外,其他地区规模均较小,而产值规模较大的地区中大部分为区域中心城市,如产值规模前三位的城市为西安、乌鲁木齐、兰州,其他两个省会城市西宁和银川也在前十位中,其中西安作为整个西北地区的区域中心,其产值规模更是乌鲁木齐和兰州的两倍之多,说明各级中心城市聚集了大量的文教科卫等资源,而中心城市等级越高此类资源越丰富,对其第三产业发展更为有利,至2012年第三产业产值规模分布依然体现出这个特点,甚至进一步得到了增强,2012年西北地区第三产业产值规模前六位城市中,除排名第五的榆林市之外,其余五个城市均为省会城市,说明中心城市利用其区位优势不断吸引第三产业资源向其集聚,导致其产值规模不断提高,而其他地区虽也有一定程度的规模增长,但地区间差异逐渐拉大。

二 西北地区产业结构空间演变

西北地区整体产业结构在不断演变的同时,其内部区域单元产业结构必然也发生变化。以三次产业划分为标准,分别对2005—2012年西北地区地级行政区域三次产业产值结构进行了分析,通过地级行政区域产业结构考察可以对其产业结构空间分布及其演变势态进行把握。

西北地区土地辽阔，一直以来是我国重要的农牧区，第一产业在整体产业发展中的地位举足轻重，加之非农产业相对薄弱，各地区产业结构中第一产业产值比重相对较高。2005 年西北地区大部分地级区域的第一产业产值比重在 30% 左右，个别地区甚至高于 50%，如喀什和玉树，至 2012 年各地区的第一产业产值比重出现了整体下降趋势，大部分地区的第一产业产值比重下降至 20% 左右，比重最高的塔城也仅为 35.19%。西北地区第一产业产值比重分布具有明显的地域特点，新疆西部、甘肃西部、甘青接合部、宁夏南部以及陕西中南部地区等区域第一产业比重较高，而这些地区历来是重要的农牧业区域，农牧业自然优势度较高，其第一产业份额相对较高。

西北地区工业基础薄弱，工业资本、技术等要素较为匮乏，进一步限制了第二产业的发展，同时西北地区深居内陆，交通不便，承接发达区域工业难度较大，第二产业整体发展水平不高，大部分地区第二产业产值比重较低。2005 年西北地区大部分地级区域的第二产业产值比重均较低，其比重低于 40% 的地区为 28 个，最低的博尔塔拉州仅为 13.46%，而最高的为克拉玛依市，其比重高达 88.46%，二者间差距很大，至 2012 年西北地区第二产业产值比重低于 40% 的地区数量下降为 14 个，说明各地区第二产业均有增长，但地区间差异依然明显，最高的是克拉玛依，其比重为 87.16%，最低的和田仅为 19.70%。第二产业产值比重较大的几个地区均为资源型城市，如克拉玛依市、海西州、金昌市、延安市等，其第二产业的增长更多地依赖于自然禀赋，而其他缺乏工业资源的地区其第二产业产值比重相对不高。

第三产业的蓬勃发展依赖于第二产业规模的快速扩张，当第二产业发展到一定程度后会产生第三产业的产品需求，进而推动第三产业快速发展，而西北地区第二产业的薄弱决定了第三产业发展的滞后。2005年西北地区大部分地级区域的第三产业产值比重均低于40%，说明第三产业整体的发展不尽如人意，至2012年这一状况仍未得到有效改善，甚至大部分地区的产值比重出现了进一步的下滑，51个地区中第三产业产值比重增长的地区数量仅有11个，其他40个地区的第三产业产值比重出现了不同程度的下滑，说明第三产业发展速度相对于第二产业较为缓慢，第二产业现有规模还不足以对第三产业产生有效的推动。西北地区第三产业产值比重较高的地区可以分为两种类型，第一类是区域中心城市，如乌鲁木齐、兰州、银川和西安等，这些城市除具备经济职能外，还兼具行政、文化、科技、教育等职能，其第三产业发展具有先天的优势；第二类是一些具备特殊区位和资源的地区，这些因素使其第三产业发展较为突出，如克孜勒苏州和博尔塔拉州的口岸商贸业以及甘南州为代表的旅游业等，而其他地区由于不具备此类特殊的区位条件和自然禀赋，第三产业产值比重相对较低。

第三节　西北地区产业体系分析

以三次产业划分为标准的产业结构分析仅能从宏观角度判断产业发展的总体状况，而现实中产业类型繁多，各区域中产业发展又各具特色，三次产业的划分标准往往无法反映区域产业发展的特点，需要对产业进行进一步细分，通过对区域产业体系进行分析进而准确地把握区域产业内部结构。对于西北地区这样一个幅员辽阔，内部自然环境和经济社会发展差异明显的区域来说，如何准确把握内部各省区自身经济和产业发展的特点，勾勒出对区域经济发展和产业结构演变至关重要的产业体系，具有重要的意义。

一　产业体系划分标准

产业体系是指产业间形成的相互联系、相互制约的整体，反映了区域中产业间相互关系，区域产业体系分析中最为重要的是要确定其主导产业,并围绕主导产业确定与其配套的相关产业,形成相互适应、相互协调的产业关系,所以区域主导产业的选择是构建产业体系的核心点。

区域主导产业是指区域经济发展中占据支配地位的产业,具备以下三个重要的特点:第一,产业规模较大,具有一定的区内产业增加值比重;第二,具有明显的区域外向型特点,其生产专门化率较高;第三,能有力带动区内其他产业发展,具有较高的产业关联度[①]。具体标准如下:

(1) 区内产业增加值比重:是指该产业增加值占区域总产值的规模,其计算公式如下:

$$I_{ij} = G_{ij}/G_i \qquad (3-1)$$

式中,I_{ij}代表区内产业增加值比重,G_{ij}代表i地区j产业的增加值,G_i代表i地区的总产值,该比重反映了产业对整体经济的影响程度,区域主导产业需具有较高的区内增加值比重,否则难以对整体区域经济和其他产业形成影响。

(2) 产业专门化程度:一般用区位商来反映,是指产业在区域产业中所占比重与该产业在全国产业结构中所占比重之比,其计算公式如下:

$$LQ_{ij} = (G_{ij}/G_i)/(G_j/G) \qquad (3-2)$$

式中,LQ_{ij}代表区位商,G_{ij}代表i地区j产业的增加值,G_i代表i地区的总产值,G_j代表全国j产业的增加值,G代表全国总产值。产业区位商大于1,其值越高反映该产业在区域中存在越明显的优势度,属于区域专门化产业,是承担整体区域分工并向外输出产品的外向型输出产业,其产业增长依托于全国市场,较高的发展速度能带动区内其他产业和整体经济发展,而产业区位商越低说明该产业在区域中的优势不明显,其比例低于或与全国平均水平持平,则该产业属于输入型产业或无法输出的基础性产业,其增长空间有

---

① 张敦富:《区域经济学原理》,中国轻工业出版社1991年版。

限，无法发挥区域优势并带动区域发展。

（3）产业关联程度。一般用产业影响力系数和产业感应度系数来反映，影响力系数是反映国民经济某一部门增加一个单位最终使用时，对国民经济各部门所产生的生产需求波及程度，感应度系数是反映国民经济各部门均增加一个单位最终使用时，某一部门由此而受到的需求感应程度①。其计算公式分别如下：

$$RF_j = \sum_{i=1}^{n} \overline{b_{ij}} \Big/ \frac{1}{n} \sum_{i=1}^{n} \sum_{j=1}^{n} \overline{b_{ij}} \qquad (3-3)$$

$$RE_i = \sum_{j=1}^{n} \overline{b_{ij}} \Big/ \frac{1}{n} \sum_{i=1}^{n} \sum_{j=1}^{n} \overline{b_{ij}} \qquad (3-4)$$

式中，RF_j 代表产业影响力系数，$\sum_{i=1}^{n} \overline{b_{ij}}$ 是由投入产出表计算得出的里昂惕夫逆矩阵的第 j 列之和，表示 j 部门增加 1 个单位最终产品，对国民经济各部门产品的完全需要量，$\frac{1}{n}\sum_{i=1}^{n}\sum_{j=1}^{n}\overline{b_{ij}}$ 为里昂惕夫逆矩阵的列平均值。当影响力系数大于 1 时，表示第 j 部门的生产对其他部门所产生的波及影响程度超过社会平均影响水平，影响力系数越大，表示第 j 部门对其他部门的拉动作用越大。RE_i 代表产业感应度系数，$\sum_{j=1}^{n}\overline{b_{ij}}$ 为里昂惕夫逆矩阵的第 i 行之和，反映当国民经济各部门均增加 1 个单位最终使用时，对 i 部门的产品的完全需求；$\frac{1}{n}\sum_{i=1}^{n}\sum_{j=1}^{n}\overline{b_{ij}}$ 为里昂惕夫逆矩阵的行平均值，反映当国民经济各部门均增加 1 个单位最终使用时，对全体经济部门产品的完全需求的均值。

当产业感应度系数大于 1 时，表示第 i 部门受到的感应程度高于社会平均感应度水平，感应度系数越大，表示第 i 部门对其他部门的推动作用越大。

---

① 国家统计局国民经济核算司：《中国地区投入产出表（2007）》，中国统计出版社 2011 年版。

一般来说，区域主导产业的影响力系数和感应度系数均应大于1，反映其对上下游产业都具有较强的关联效应。

二 西北五省区产业体系分析

产业体系构成对于区域产业结构变迁和区域经济发展的意义重大，是产业发展的重要表现之一，对于西北地区来说也是如此，需对其产业体系构成进行深入分析。相关分析数据来源于《中国地区投入产出表（2007）》，其中产业一般采用产品部门分类，即以产品为对象，把具有某种相同属性（产品用途相同、消耗结构相同、生产工艺基本相同）的若干种产品组成一个产品部门，共划分为 42 个部门。

产业体系划分的主要思路为依据主导产业构建整体产业体系，首先，依据区内增加值比重、产业专门化程度以及产业关联程度三个方面遴选出区域主导产业；其次，依据区域主导产业按照产业配套、主辅关系划分其上游配套产业、下游配套产业、产中辅助配套产业等产业类型。

（一）西北五省区主导产业选择

区域主导产业对于区域整体产业发展和区域经济增长至关重要，同时也是区域产业体系的核心所在，主导产业具有规模大、外向化程度高和关联效应强的基本特点，以上述特点为主要依据对西北五省区主导产业进行分析，如果某个产业同时具备以上三个特点则选择该产业作为区域主导产业。

首先，对西北五省区各产业区内增加值比重进行测算并排序。主导产业的规模应当较大，否则难以对整体产业和经济发展产生足够的影响。根据式（3-1）对西北五省区各产业的区内增加值比重进行测算并降序排列，各省区区内增加值比重排名前十位的产业如表 3-3 所示，主导产业应从此类产业中筛选，但是产业增加值比重较大的产业中部分产业并不具有较高的专业化程度和产业关联效应，则其在未来发展空间有限或对其他产业带动能力不强，并不能成为区域主导产业，须进一步进行筛选。

表3-3　　　　　　　西北五省区内增加值比重较大产业

省区	区内增加值比重前十位的产业
陕西	石油和天然气开采业，农林牧渔业，批发和零售业，建筑业，交通运输及仓储业，煤炭开采和洗选业，化学工业，电力、热力的生产和供应业，金融业，石油加工、炼焦及核燃料加工业
甘肃	农林牧渔业，金属冶炼及压延加工业，建筑业，交通运输及仓储业，批发和零售业，公共管理和社会组织，电力、热力的生产和供应业，房地产业，教育，食品制造及烟草加工业
青海	农林牧渔业，建筑业，电力、热力的生产和供应业，公共管理和社会组织，非金属矿物制品业，通用、专用设备制造业，批发和零售业，交通运输及仓储业，石油和天然气开采业，金融业
宁夏	农林牧渔业，电力、热力的生产和供应业，建筑业，煤炭开采和洗选业，化学工业，公共管理和社会组织，交通运输及仓储业，金融业，批发和零售业，金属冶炼及压延加工业
新疆	石油和天然气开采业，农林牧渔业，建筑业，批发和零售业，公共管理和社会组织，交通运输及仓储业，金融业，教育，化学工业，房地产业

其次，对西北五省区各产业的专门化程度进行测算并排序。产业专门化程度较高的产业具备一定的区外优势，产业集中程度在整体区域中是较高的，产业发展为外向型，可以依托整体区域市场获得较快的发展。根据式（3-2）对西北五省区各产业的区位商进行测算并降序排列，各省区产业区位商排名前十位的产业如表3-4所示，综合表3-3可以看到部分产业在具备较大规模的同时其专门化程度也较高，但仅具备规模性和区外优势度而不能对其他产业产生有效影响，这种产业只能获得自身的增长而无法带动整体产业发展，此类产业也不能成为区域主导产业，须进一步对产业关联程度进行分析。

最后，对西北五省区各产业的产业关联程度进行测算并排序。产业关联分为前向关联和后向关联，前向关联反映了其产出对其他产业的依赖程度，体现为对下游产业的供给推动；后向关联反映了其投入对其他产业的依赖程度，体现为对上游产业的需求拉动，前

表3-4 西北五省区产业专门化程度较高产业

省区	产业区位商前十位的产业
陕西	石油和天然气开采业，研究与试验发展业，煤炭开采和洗选业，燃气生产和供应业，石油加工、炼焦及核燃料加工业，金属矿采选业，邮政业，仪器仪表及文化办公用机械制造业，建筑业，交通运输设备制造业
甘肃	金属冶炼及压延加工业，研究与试验发展业，金属矿采选业，公共管理和社会组织，电力、热力的生产和供应业，建筑业，石油和天然气开采业，农林牧渔业，教育，非金属矿及其他矿采选业
青海	石油加工、炼焦及核燃料加工业，金属矿采选业，电力、热力的生产和供应业，金属制品业，公共管理和社会组织，石油和天然气开采业，通用、专用设备制造业，建筑业，非金属矿物制品业，综合技术服务业
宁夏	煤炭开采和洗选业，燃气生产和供应业，电力、热力的生产和供应业，公共管理和社会组织，水利、环境和公共设施管理业，纺织业，化学工业，建筑业，石油加工、炼焦及核燃料加工业，信息传输、计算机服务和软件业
新疆	石油和天然气开采业，燃气生产和供应业，水利、环境和公共设施管理业，金属矿采选业，公共管理和社会组织，农林牧渔业，建筑业，综合技术服务业，教育研究与试验发展业

向关联和后向关联程度均较高的产业才能对整体产业起到有效的带动作用。依据式（3-3）和式（3-4）分别对西北五省区各产业的影响力系数和感应度系数进行测算，其中影响力系数反映后向关联程度，而感应度系数反映前向关联程度，进一步将影响力系数和感应度系数加总后降序排列，各省区产业关联程度排名前十的产业如表3-5所示。综合上述分析，同时具备上述三个特点的产业可以选择为区域主导产业，并以此为基础进一步分析西北五省区产业体系。

表 3-5　　　　　　　西北五省区产业关联程度较高产业

省区	产业影响力及感应度系数之和排列前十的产业
陕西	金属冶炼及压延加工业，电力、热力的生产和供应业，化学工业，石油加工、炼焦及核燃料加工业，金属制品业，通用、专用设备制造业，煤炭开采和洗选业，造纸印刷及文教体育用品制造业，交通运输设备制造业，电气机械及器材制造业
甘肃	化学工业，电力、热力的生产和供应业，金属冶炼及压延加工业，石油加工、炼焦及核燃料加工业，金属制品业，煤炭开采和洗选业，石油和天然气开采业，通用、专用设备制造业，农林牧渔业，电气机械及器材制造业
青海	金属冶炼及压延加工业，电力、热力的生产和供应业，化学工业，金融业，造纸印刷及文教体育用品制造业，交通运输及仓储业，金属矿采选业，农林牧渔业，石油加工、炼焦及核燃料加工业，建筑业
宁夏	电力、热力的生产和供应业，金属制品业，化学工业，金属冶炼及压延加工业，石油加工、炼焦及核燃料加工业，交通运输及仓储业，农林牧渔业，煤炭开采和洗选业，石油和天然气开采业，电气机械及器材制造业
新疆	金属冶炼及压延加工业，交通运输及仓储业，化学工业，石油和天然气开采业，电力、热力的生产和供应业，石油加工、炼焦及核燃料加工业，租赁和商务服务业，农林牧渔业，交通运输设备制造业，金属制品业

（二）西北五省区产业体系分析

区域主导产业是分析区域产业体系的核心，主导产业应具有规模性、外向优势以及带动效应。表 3-3、表 3-4 和表 3-5 分别罗列了西北五省区规模程度、专门化程度和关联程度排名较高的产业，综合以上分析，只有同时在这三个方面排名前列的产业才能作为各省区的主导产业，对三个表格中的产业进行筛选后发现各省区均有 2—3 个产业同时在三个方面排名前列，故将此类产业选择为各省区主导产业，筛选结果如表 3-6 所示，同时根据主导产业前向关联和后向关联分别选择部分产业作为其下游配套产业和上游配套产业，另外根据主导产业侧向关联选择部分产业作为其产中配套产业，从而较为完整地分析各省区的产业体系。选择结果如表 3-6 所示,未在其中的产业则为区域基础产业或一般性产业,不做特殊说明。

表 3-6 西北五省区产业体系分析

省区	主导产业	上游配套产业	下游配套产业	产中配套产业
陕西	煤炭开采和洗选业,石油加工、炼焦及核燃料加工业	石油和天然气开采业,通用、专用设备制造业,水的生产和供应业	化学工业,电力、热力的生产和供应业,废品废料	交通运输及仓储业,研究与试验发展业,综合技术服务业,水利、环境和公共设施管理业
甘肃	农林牧渔业,金属冶炼及压延加工业,电力、热力的生产和供应业	金属矿采选业,煤炭开采和洗选业,石油和天然气开采业,通用、专用设备制造业,水的生产和供应业	食品制造及烟草加工业,金属制品业,废品废料	交通运输及仓储业,研究与试验发展业,综合技术服务业,水利、环境和公共设施管理业
青海	建筑业,电力、热力的生产和供应业	非金属矿及其他矿采选业,煤炭开采和洗选业,石油和天然气开采业	化学工业,非金属矿物制品业,废品废料,房地产业	交通运输及仓储业,研究与试验发展业,综合技术服务业,水利、环境和公共设施管理业
宁夏	电力、热力的生产和供应业,煤炭开采和洗选业,化学工业	石油和天然气开采业,石油加工、炼焦及核燃料加工业,通用、专用设备制造业	非金属矿物制品业,燃气生产和供应业,废品废料	交通运输及仓储业,研究与试验发展业,综合技术服务业,水利、环境和公共设施管理业
新疆	石油和天然气开采业,农林牧渔业	通用、专用设备制造业,水的生产和供应业	石油加工、炼焦及核燃料加工业,电力、热力的生产和供应业,燃气生产和供应业,食品制造及烟草加工业	交通运输及仓储业,研究与试验发展业,综合技术服务业,水利、环境和公共设施管理业

从西北五省区的产业体系分布来看，各省区的主导产业基本类似，主导产业均分布在农业、能矿开采及其加工业之中，符合西北地区五省区的区域优势和目前的经济发展水平，此类产业规模较大且其发展能够得到内部资源支撑和外部市场保障。表3-7反映了2005—2012年西北五省区主导产业规模增长，如表3-7所示，五省区主导产业产值规模均较为可观，同时发展速度也较快，年均增长速度最高甚至可达46%，其余均在20%左右，能够成为有效提升区域经济发展的龙头产业，但是五省区主导产业发展很大程度上依附于各省区的自然禀赋，属于资源开发利用型产业，资本和技术型产业的优势度不明显，一定程度上反映了西北地区经济发展中资源富集而要素匮乏的特征。同时五省区间主导产业又略有差异，其中新疆以石油和天然气开采业、农林牧渔业为主，属于中间投入型和最终需求型初级产品产业，属于自然资源初级利用产业，以此构建出的产业体系也存在对自然资源依赖程度较高的特征，而陕西和宁夏虽同属能源密集区域，但其主导产业中既包含中间投入型初级产品产业，如煤炭开采和洗选业与电力、热力的生产和供应业，同时也有中间投入型制造业产品产业，如石油加工、炼焦及核燃料加工业和化学工业等，说明其部分主导产业已经过渡为自然资源加工制造业，其产业体系也进一步延伸升级，但在很大程度上还是存在对自然资源的依赖。五省区中青海和甘肃虽然能源密集程度不及其他三省区，但其产业体系与其他三省区基本相似，主导产业更多地依托于当地的自然资源，如农林牧渔业，电力、热力的生产和供应业，金属冶炼及压延加工业等中间投入型初级产品产业和制造业产品产业。

本章小结

本章以产业结构、空间演变和产业体系的三个维度对西北地区产业变迁进程进行了研究。通过对西北地区产业结构的分析，发现

表 3-7　2005—2012 年西北五省区主导产业规模增长

单位：亿元

主导产业	陕西 ①煤炭开采和洗选业	陕西 ②石油加工、炼焦及核燃料加工业	甘肃 ①农林牧渔业	甘肃 ②金属冶炼及压延加工业	甘肃 ③电力、热力的生产和供应业	青海 ①建筑业	青海 ②电力、热力的生产和供应业	宁夏 ①电力、热力的生产和供应业	宁夏 ②煤炭开采和洗选业	宁夏 ③化学工业	新疆 ①石油和天然气开采业	新疆 ②农林牧渔业
2005 年	181	335	308	584	243	293	80	129	70	73	784	510
2006 年	237	616	334	802	269	281	91	158	90	84	1015	528
2007 年	379	700	388	1137	344	285	106	191	113	112	1123	629
2008 年	787	912	462	1180	376	308	123	209	197	173	1350	691
2009 年	1006	931	497	1141	388	365	148	215	210	149	855	760
2010 年	1409	1268	599	1456	510	474	232	304	266	171	1144	1079
2011 年	1869	1663	679	1830	623	592	239	520	374	253	1542	1139
2012 年	2278	1911	781	1883	733	728	304	578	423	240	1375	1321
年均增长率（%）	46	30	14	19	17	14	22	26	31	21	12	15

资料来源：《中国工业经济统计年鉴（2006—2012）》和《中国工业统计年鉴（2013）》。

整体产业发展虽有了较快的进步，但与全国水平的差距较为明显，产值结构和就业结构均严重滞后于全国平均水平；在对整体状况分析的基础上以空间视角对西北地区产业发展的内部分布及其特征进行了研究，发现西北地区产业规模分布存在明显的空间非均衡性，尤其是第二、第三产业的空间分布存在向个别区域或城市集中的现象；同时以投入产出方法对西北地区产业体系现状进行了分析，发现西北五省区主导产业多为资源开采和加工产业，产业发展很大程度上依赖于自然资源禀赋，产业体系构成较为单一。通过以上分析对西北地区产业变迁有了较为充足的把握，有助于后期的进一步研究。

第四章　西北地区城市化发展进程分析

城市化进程是经济发展的必然路径，伴随着我国经济不断发展，城市化进程的重要性日渐凸显，其在提高经济效率、促进产业升级和增强市场容量等方面的作用不断显现。中国幅员辽阔、人口众多，通过城市化进程的加速，可以带动相关产业发展，是未来经济发展的重要动力，同时也是中国摆脱经济外部依赖性的必然选择。尤其是对于西北地区这样一个欠发达区域来说，如何从既往的城市化进程中找到其发展规律，发现城市化进程的制约因素，并借鉴和利用既有的城市化经验来推动和加速西北地区城市化进程，从一定程度上决定着西北地区未来经济社会发展的走向，在城市化进程已经成为国家层面的发展主线之际，对其进行研究有着非常重要的意义。

第一节　西北地区整体城市化水平

一　西北地区城市化水平及增长

城市化内涵包括人口城市化、经济城市化、土地城市化和社会城市化，其中核心是人口城市化。一般以城市人口占总人口的比重来反映人口城市化水平，国际通行的城市人口统计标准是居住地原则，而在中国这一划分标准有一个发展的历程。在计划经济时期和改革开放前期,以户籍标准划分城市人口和农村人口,再以区域户籍总人口数量为基数计算城市化率,由于当时人口流动数量较少,人口的户籍属性和空间属性基本一致,这种统计方法基本能够准确反映区域城市人口数量和比例,但是随着人口流动逐渐增多,以户籍标准统计的城市人口逐渐和城市中实际居住的人口出现偏离,所以将划分标准修正为常住原则,将在一定空间范围内生产和生活一定时间的人群定义为常住人口,并以此区分城市人口和乡村人口,再以区域常住人口为基数统计城市化率,依此计算的城市化率才能真实地反映伴随人口空间流动的城市化水平。

由于2005年起人口统计标准由户籍修正为常住原则,为了保证分析数据的一致性和延续性,依照《中国统计年鉴(2006—2013)》中2005—2012年城市人口作为标准,对西北地区城市化进程进行分析。通过分析发现西北地区城市化人口规模呈现明显的快速增长,如图4-1所示,2005—2012年西北五省区城市人口规模均出现明显增长,其中陕西的城市人口规模增长最为明显,城市人口从1374万人增长至1877万人,增长了36.61%,甘肃、青海、宁夏和新疆的城市人口规模分别增长了30.76%、27.70%、30.16%和31.46%。同时西北五省区间城市人口规模差异较大,陕西的城市人口规模明显高于其他四省区,甘肃和新疆次之,宁夏和青海城市人口规模最小。

城市人口规模的快速扩张势必会导致区域城市化进程的不断深化,如图4-2所示,2005—2012年西北五省区的城市化水平呈现快速增长趋势,其中陕西的城市化水平增长幅度最为明显,城市化率从2005年的37.24%提高至2012年的50.01%,提高了12.77%,年均提高近2%,其余四省区的增长幅度大体相当,甘肃、青海、宁夏和新疆分别提高了8.73%、8.24%、8.41%和6.81%。由于城市化增长速率相对均衡,西北五省区间的城市化水平差异并未出现明显变化,2005年西北五省区城市化水平依次从高到低排序为:宁夏、青海、陕西、新疆和甘肃,城市化水平分别为

42.28%、39.23%、37.24%、37.16%和30.02%，2012年这一排序变为宁夏、陕西、青海、新疆和甘肃，城市化水平分别为50.70%、50.01%、47.47%、43.98%和38.75%，其中只有陕西和青海的排序发生了变化，其余省区排序不变。

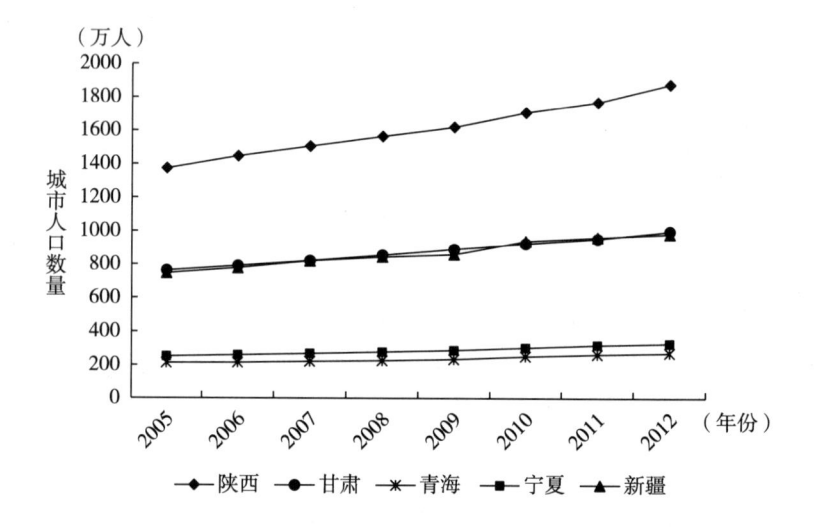

图4-1　2005—2012年西北五省区城市人口规模

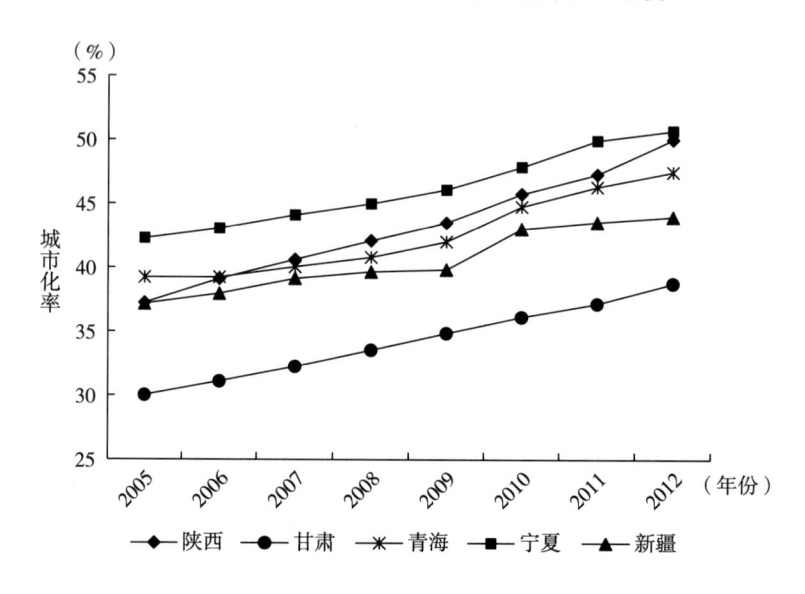

图4-2　2005—2012年西北五省区城市化水平

从城市人口增长的环比变化中，也可以看到西北地区城市化进程的快速增长。如表4-1所示，2006—2012年西北五省区每年新增城市人口规模较大，从城市人口规模自身增长来看，其增长率也是较高的，五省区间虽存在一定差异，但是均高于同期人口自然增长率，说明这一时期西北地区城市人口规模的增长对于人口的自然增长依赖程度不强，大部分城市人口的增长来源于农村人口不断地向城市集聚，人口流动成为城市人口增长的主要路径，这也印证了西北地区正处于人口大规模空间流动的快速城市化阶段。

表4-1　　　2006—2012年西北地区城市人口规模增长率与
人口自然增长率　　　　　　　单位:%

年份	城市人口规模增长率					人口自然增长率				
	陕西	甘肃	青海	宁夏	新疆	陕西	甘肃	青海	宁夏	新疆
2006	5.31	3.66	0.94	3.17	4.15	0.40	0.62	0.90	1.07	1.08
2007	4.08	3.79	2.79	3.46	5.40	0.41	0.65	0.88	0.98	1.18
2008	3.92	4.14	2.26	3.35	3.05	0.41	0.65	0.84	0.97	1.12
2009	3.58	4.09	3.54	3.60	1.78	0.40	0.66	0.83	0.97	1.06
2010	5.43	3.82	7.69	5.21	9.30	0.37	0.60	0.86	0.90	1.06
2011	3.57	3.03	4.37	5.28	2.34	0.37	0.61	0.83	0.90	1.06
2012	6.05	4.83	3.42	2.82	2.08	0.39	0.61	0.82	0.89	1.08

资料来源：《中国统计年鉴（2006—2013）》。

综上所述，西北地区正处于城市化进程的快速增长阶段，而造成城市化进程快速增长的原因有两个方面。首先，这在一定程度上反映出经济要素的流动性伴随着经济发展进程而不断增强，同时工业化进程的深化促使城市经济不断发展，城市经济的集聚力不断引致乡村人口向城市集中，导致城市人口规模和比重不断提升；其次，伴随着城市人口统计标准的改进，使城市人口数量统计脱离了户籍的约束，城市人口的统计数量更为准确，更能准确反映人口空间流动下的城市化进程。

二 西北地区整体城市化水平评价

城市化进程与经济发展水平间具有显著的正相关性,二者存在相互影响的机理,经济发展水平的提高使城市经济的集聚力不断增强,从而使城市化进程得以深化,使经济发展过程中要素供给、技术创新和市场需求等方面得以保证,促进经济发展水平不断提高。

西北地区经济发展水平相对滞后,其城市化水平也低于全国平均水平,而且其差距较为明显。如图4-3所示,2005年西北地区整体城市化率为35.70%,同期全国平均水平为42.99%,二者相差7.29个百分点,至2012年西北地区城市化率为45.56%,同期全国平均水平为52.57%,二者相差7.01个百分点,其他各年间的城市化水平差距也大致围绕在这个水平左右。从各省区与全国的城市化水平的差距来看也是如此,虽然各省区与全国平均水平的差距各不相同,但是总体上在2005—2012年的城市化进程中,各省区与全国平均水平的差距基本保持平稳,并未出现明显的缩小。

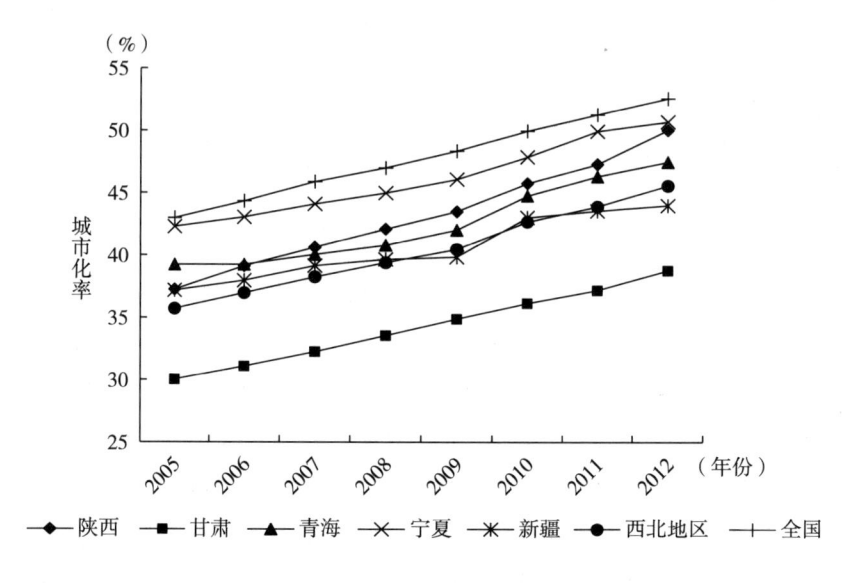

图4-3 2005—2012年全国与西北地区城市化水平

区域城市化进程一般会沿循"S"形曲线的发展趋势,整体的城市化进程可以分为三个阶段,分别为初始阶段、中间阶段和后期阶段。其中初始阶段主要的特点为城市化水平较低且发展速度缓慢;中间阶段为加速阶段,主要特征为人口加速向城市集中,城市化水平呈现快速增长趋势;后期阶段为缓慢增长阶段,其主要特征为人口的大规模集中阶段已经结束,城市化水平相对较高,城市化水平的增长有限。如表4-2所示,2006—2012年全国城市化进程处于快速增长时期,西北地区亦不例外,2006—2012年全国城市化水平环比增长率在1.3%左右浮动,而同一时期西北地区城市化水平环比增长率基本与全国持平,甚至在个别年份高于全国水平,根据这一城市化进程的阶段划分,结合西北地区的城市化特点,可以判定西北地区目前的城市化进程处于"S"形曲线的中间阶段,城市化水平相对不高但增长势头较迅速。

表4-2 2006—2012年全国和西北地区城市化水平环比增长速度 单位:%

年份	全国	西北地区	陕西	甘肃	青海	宁夏	新疆
2006	1.35	1.26	1.88	1.08	0.01	0.76	0.79
2007	1.55	1.28	1.50	1.17	0.80	1.05	1.19
2008	1.10	1.14	1.48	1.29	0.76	0.89	0.51
2009	1.35	1.08	1.40	1.32	1.22	1.10	0.18
2010	1.61	2.21	2.26	1.26	2.75	1.79	3.19
2011	1.32	1.21	1.53	1.04	1.54	2.05	0.53
2012	1.30	1.68	2.73	1.58	1.17	0.77	0.43

结合西北地区城市化水平及其增长速率进行分析后发现,造成西北地区和全国城市化水平差距的主要原因并不是城市化水平的增长速度,而是由于西北地区城市化进程启动相对较晚和前期城市化水平较低所造成的,短期内仍与全国水平存在较大差距。从西北五省区城市化水平环比增长速度来看亦是如此,2005—2012年五省区间增长速度虽存在差异,但是总体上并未出现明显分异,省区间的

城市化水平差异基本保持平稳，说明各省区间的城市化差异并非由城市化进程增长速度所形成，而是由于城市化加速进程启动时间和前期城市化基础不一致所导致的。

第二节　西北地区城市化空间演变

区域整体城市化水平提高的主要成因在于乡村人口向城市的流动，而人口在空间中的"乡—城"流动可能会存在内部空间流动的差异，导致城市人口规模空间上的集聚或扩散，从而对城市化空间分布产生影响，这种空间上的演变过程也是城市化进程的重要特征之一。西北地区城市化进程处于加速阶段，其城市化进程的演进不仅体现在城市人口规模的增长和整体城市化水平的提高，也会直接反映在城市化空间分布上，有必要对其进行分析和把握。

在对西北地区城市化空间分布进行分析时，出于统计指标的可采集性，本书以地级行政区域为基本地域尺度进行分析。由于目前城市等级划分依然以城市非农人口数量为标准，并且出于指标的统一性和延续性，各地区的城市人口以非农业人口统计为准。陕西、甘肃和青海的相关人口数据来源于各省区统计年鉴（2006—2013年），新疆除去2010年后其余各年间数据来源于《新疆统计年鉴》，2010年缺失的相关人口数据由《新疆维吾尔自治区2010年人口普查资料》补充，鉴于历年《宁夏统计年鉴》并未对分地区人口数据进行统计，其相关人口数据来源于《中国城市统计年鉴（2006—2013年）》。

一　西北地区城市人口规模空间演变

城市人口规模的增长主要来源于两个方面：自身繁衍和空间转移，其中自身繁衍带来的城市人口规模增长在空间中的分布相对均衡，而人口空间转移则会带来城市人口规模空间分布的分异。通过对城市人口规模空间分布演变的分析，可以对城市人口增长的态势及其空间布局趋向进行把握。我国现行的城市规模级别划分以城市非农业人口为基本依据，其中城市共分为 4 个等级：第一级为特大城市，其人口规模大于 100 万；第二级为大城市，其人口规模为 50 万—100 万；第三级为中等城市，其人口规模为 20 万—50 万；第四级为小城市，其人口规模小于 20 万[1]，同时中国城市化水平的逐步提高导致城市规模不断扩张，对于人口规模超过 100 万的特大城市的划分不断细化，将超过 300 万人口规模的城市划分为超大城市[2]，100 万—300 万人口规模的城市仍为特大城市。2005 年西北地区各地区城市人口规模普遍不高，其中以中小城市规模为主，且整体差异较大，2005 年西北地区城市人口规模超过 300 万的地区只有西安市，城市人口规模超过 100 万—300 万的地区有 4 个，分别为兰州、乌鲁木齐、伊犁和咸阳，城市人口规模在 50 万—100 万人的地区数量为 11 个，其余 35 个地区城市人口规模均小于 50 万人，其中城市人口规模在 20 万—50 万人的地区为 22 个，城市人口规模低于 20 万人的地区为 13 个。伴随着城市化进程的加速，西北地区各级城市人口规模均呈现明显增长，尤其是中小城市规模增长迅速，中小城市数量明显减少，数量结构演变以大中城市数量为主。2012 年西北地区城市人口规模超过 300 万人的地区仍然只有西安，城市人口规模 100 万—300 万人的地区由 4 个增加为 9 个，新增的 5 个地区为渭南、宝鸡、商洛、天水和银川，城市人口规模 50 万—100 万人的地区由原来的 11 个增长为 16 个，剔除在原有 11 个大城市中变为特大城市的 5 个地区后，有 10 个地区的城市由中等城市增长为大城市，在大城市数量不断增长的同时，中小城市数量出现锐减，城市人口规模在 20 万—50 万人的地区由 22 个减少至 17 个，其中原来的 22 个中等城市中有 10 个增长为大城市，同时又有 5 个小城市增长为中等城市，城市人口规模在 20 万人以下的地区由原来的 13 个

---

[1] 许学强、周一星、宁越敏：《城市地理学》，高等教育出版社 1997 年版。
[2] 中国中小城市发展编纂委员会：《中小城市绿皮书·中国中小城市发展报告（2010）：中小城市绿色发展之路》，社会科学文献出版社 2010 年版。

减少至 8 个，城市规模数量结构实现了有序的递进演变。

依据城市规模空间分布可以发现，西北地区城市规模分布密度呈现明显的区域分化，大量的城市分布于陕西南部、宁夏和甘肃东部，其他区域城市分布相对稀疏，2005—2012 年西北地区城市人口规模空间分布演变呈现出明显的区域差异，在城市较为密集和城市间距离较小的区域，由于城市辐射腹地范围更小，体现出较强的人口集聚力，乡村人口向城市的流动更为密集和频繁，其城市人口增长幅度较大，尤其在西安、兰州、银川周边分布的城市其城际间距离较小，城市对腹地的集聚效应越为明显，同时还可以得到特大城市的人口溢出，人口规模增长幅度更为明显，而分布在青海和新疆的城市其城际间距离较远，城市辐射范围过大，人口集聚力不强，城市人口规模增长有限。

二　西北地区城市化水平空间演变

人口的空间流动带来区域城市人口规模的变动，同时也会影响到区域城市化水平，而这种影响会直接反映在城市化水平空间分布上。2005 年西北地区各区域城市化水平差异较大，除个别地区外大部分地区城市化水平较低，只有 15 个地区的城市化率超过 40%，其中克拉玛依、嘉峪关和乌鲁木齐的城市化水平较高，城市化率分别为 97.53%、82.53% 和 77.75%，海西和银川的城市化水平也在60% 以上，其余 10 个地区城市化率均在 50% 左右。在 36 个城市化率低于 40% 的地区中，只有 17 个地区城市化率高于 20%，其余 19个地区的城市化率均低于 20%，定西城市化水平最低，其城市化率仅为 9.51%。可以看到这个时期西北地区城市化水平地区差异明显，城市化水平较高的几个地区大多为早期工业型城市，而其余地区城市化进程和工业化进程尚未启动，城市化水平较低。伴随着西北地区整体城市化进程的启动，西北地区各地区城市化水平得到了明显的增长，地区间城市化水平差异逐渐缩小，2012 年西北地区城市率超过 40% 的地区变为 22 个，其中城市化率超过 80% 的地区仍然为克拉玛依和嘉峪关，城市化率为60%—80%的地区由原来的3个增长为5个，城市率低于40%的地区数量由36个减少至30个，且这些地区的城市化水平也得到了明显的提高，其中只有5个地区的城市化率低于20%，城市化水平最低的和田其城市化率仅为13.37%。

西北地区城市化水平空间分布的演变进程存在明显的区域分异，且与城市规模增长的空间演变基本相似，城市密集区域的城市化水平增长比较明显，而城市稀疏区域其城市化水平增长有限，如新疆、青海的大部分城市和甘肃、陕西的部分城市，结合之前城市人口规模增长的分析，可以发现人口流动方面的空间差异直接导致了地区间城市化水平的差异，区域中"乡—城"人口流动规模越大，其城市化水平越高，且这种变化带来的是城市化差异不同的分布，在城市密集区域中地区间城市化差异较小，而城市稀疏区域中地区间的城市化差异较为明显，说明城市密集区域中存在大城市对中小城市的空间外溢，区域城市化进程趋于平衡，而城市稀疏区域中的大城市体现出较强的集聚效应，在自身城市化水平不断提高的同时，使其他中小城市的城市化进程受阻。

第三节 西北地区城市体系结构演变

城市体系是指一定地域范围内若干规模不等、性质不同的城市及其职能区域相互联系、相互依赖和制约而形成的一个有机的地域城市系统。城市体系结构包括空间结构、职能结构和规模结构，其中空间结构和职能结构相对稳定，所以一般以其规模结构变化反映其演变进程。城市体系规模结构指一定区域内城镇规模的层次分布，它揭示了一个区域内城市规模的分布规律，反映城市体系从大到小的序列与规模的关系[①]。国外城市地理学领域诸多学者对城

---

① 周一星：《城市地理学》，商务印书馆1995年版。

等级规模结构的相关规律研究已形成多种理论,如 Zipf(1949)①的等级规模法则,Christallar(1966)② 的六边形分布理论,Losch(1954)③ 的不同等级市场区中心地数目研究以及贝利(Berry,1964)④ 的对数正态分布研究等,都是具有经典意义的代表性研究,且经过长期检验是符合现实情况的。在国内城市体系规模结构研究方面,最早开展研究的是许学强(1982)⑤,他利用规模分布理论对我国1953—1978 年的城市体系等级规模结构进行了分析和总结,其后学者们分别从理论和实证的角度对城市体系规模结构的研究不断地进行着充实,陈勇等(1993)⑥ 和陈涛、刘继生(1994)⑦ 从几何分形理论方面探讨了城市体系规模结构,班茂盛、祁巍锋(2005)⑧ 和赵静等(2005)⑨ 分别从实证的角度对浙江省和安徽省的城市体系规模结构进行了研究,形成了较为丰硕的成果。在前人的基础上对西北地区城市体系规模结构进行分析,分析中由于非农人口指标的连续性较好,而且我国现行划分城市规模等级的标准也是以非农人口规模为依据,所以依然选取各地区非农人口规模来代表城市人口规模。

---

① Zipf G. K. , *Human Behavior and the Principle of Least Effort*, London: Addison – Wesley Press, 1949.

② Christaller W. , *Central places in southern Germany*, englewood cliff: Prentice – Hall, 1966.

③ Losch, A. , *The economics of location*, New Haven: Yale U. P. , 1954.

④ Berry B. J. L. , "Cities as systems within systems of cities", *Papers in Regional Science*, Vol. 13, No. 1, 1964.

⑤ 许学强:《我国城镇规模体系的演变和预测》,《中山大学学报》(哲学社会科学版)1982 年第 3 期。

⑥ 陈勇、陈嵘、艾南山等:《城市规模分布的分形研究》,《经济地理》1993 年第 3 期。

⑦ 陈涛、刘继生:《城市体系分形特征的初步研究》,《人文地理》1994 年第 1 期。

⑧ 班茂盛、祁巍锋:《基于分形理论的浙江省城市体系规模结构研究》,《中国人口科学》2005 年第 6 期。

⑨ 赵静、焦华富、宣国富:《安徽省城市体系等级规模结构特征及其调整》,《长江流域资源与环境》2005 年第 5 期。

一 西北地区城市体系规模结构演变基本特征

（一）高规模等级城市数量增加明显

依据之前城市规模的划分，并考虑到西北地区小城市数量较多，为了准确把握城市体系规模结构的变化，所以将20万以下的小城市进一步划分为10万—20万和10万以下两种等级，城市规模等级划分为6级。图4-4是西北地区2005年和2012年城市规模等级数量对比图，纵轴上依次分布了各城市等级规模，横轴代表相应规模等级的城市数量，从图中可以看到从2005年到2012年，西北地区超大城市数量没有变化，均为1个；特大城市数量由4个增长为9个；大城市由11个增长为16个；中等城市数量由22个减少为17个；10万—20万规模的小城市数量由8个减少为4个；10万人口以下的小城市数量从5个下降为4个。经过8年的演变，伴随着低规模等级城市数量的减少，高规模等级的城市数量明显增加，城市体系以中小城市数量为主转变为以大中城市数量为主。

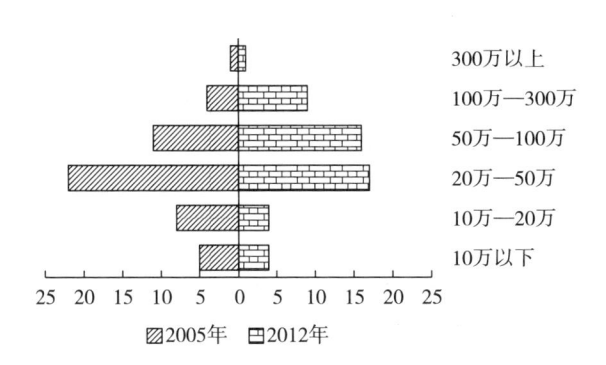

图4-4 西北地区2005年和2012年各规模等级城市数量对比

（二）西北地区城市体系规模结构演变呈现层级式递进

单独从城市规模数量结构无法洞察城市体系规模结构的动态变动过程，同时还要结合城市体系人口规模的演变来进行分析。图4-5是西北地区2005年和2012年城市等级人口规模对比图，纵轴代表城市各等级规模，横轴代表各规模等级城市的人口占西北地区总城市人口规模的比重。如图4-5所示，2005—2012年西北地区各等级规模城市人口占总城市人口的比重出现了明显的变化，2005—2012年西北地区超大城市人口占比基本保持稳定，大体在10%；特大城市由于新增城市数量较多且城市人口体量较大，人口占比出现明显增长，从22.29%上升至41.09%；大城市数量虽出现增长，但由于原有人口规模较大的大城市进一步增长为特大城市，而新增城市虽然数量较多，但是人口规模较小，所以人口占比略有下滑，从31.72%下降至29.49%；中等城市由于其中一部分规模较大的城市增长为大城市，而新增城市人口规模较小且数量也不多，所以人口占比出现明显下降，从27.51%下降至16.69%；10万—20万和10万人口规模以下的小城市，由于其城市数量的锐减，人口占比也呈现不同程度的下降。可以看出在2005—2012年西北地区城市化的过程中，城市体系整体呈现出各等级城市规模不断扩张，低等级规模城市有序增长为高等级规模城市，层级式递进的规模结构演变较为清晰，尤其以特大城市的增长势头最为明显，其城市人口占整体城市人口的比重上升最为明显，将整体的城市人口比重以2005年大中城市为主的结构转变为2012年以大城市为主的结构，总体呈现城市人口不断向大城市集聚的态势。

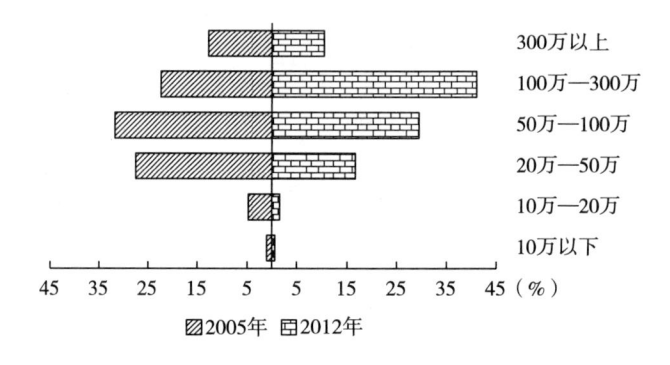

图4-5 西北地区2005年和2012年各等级城市人口规模占比

二 西北地区城市体系规模结构演变分析

(一) 西北地区城市规模基尼系数演变

基尼系数是国际上用来综合考察居民内部收入分配差异状况的一个重要分析指标,后来逐渐被用来反映地区相对均衡度[①],本书用其反映西北地区51个地区城市人口规模的相对差异。城市规模基尼系数(G)计算公式如下:

$$G = 1 + \frac{1}{n} - \frac{1}{n^2 \bar{p}}(p_1 + 2p_2 + 3p_3 + \cdots + np_n) \quad (4-1)$$

式中,n 为城市数量,p_1,p_2,p_3,…,p_n 为降序排列的城市人口规模,$\bar{p}$ 为城市人口规模平均值。基尼系数值处在0—1,其值越小,说明城市规模相对差异越小,反之城市规模相对差异越大。结合相应数据,计算出2005—2012年西北地区城市规模基尼系数,如表4-3所示2005—2012年西北地区城市规模基尼系数大体在0.47左右波动,说明城市规模相对差异不大,但是从长期变化来看大体可以划分为两个阶段,第一阶段为2005—2008年,这一时期西北地区城市规模基尼系数基本保持在0.48左右;第二阶段为2009—2012年,这一时期西北地区城市规模基尼系数呈现下降趋势,保持在0.46左右,说明高规模等级城市与低规模等级城市间的差距在不断缩小。

从西北五省区城市规模基尼系数变化来看,各省区间的差异是较大的。如图4-6所示,青海各城市之间的规模差异是最明显的,其城市规模基尼系数最大,接近于0.6,宁夏由于城市数量较少,且地域分布相对集中,其城市间规模差异最小,城市规模基尼系数仅为0.2左右,新疆、甘肃和陕西的城市间规模差异相对均衡,城市规模基尼系数在0.4左右。从各省区城市间规模差异变化来看,

---

① 赵磊、王永刚、张雷:《江苏旅游规模差异及其位序规模体系研究》,《经济地理》2011年第9期。

除宁夏由于行政区划调整导致城市规模基尼系数在2009年明显下降外，其他省区的城市规模基尼系数基本保持稳定，说明城市间的规模差异变化不大，但规模基尼系数只能反映整体间的差异，对于结构性变化无法进行准确反映。

表4-3　　　　　2005—2012年西北地区城市规模
基尼系数、首位度指数演变

年份	G	S_2	S_4	S_{11}	年份	G	S_2	S_4	S_{11}
2005	0.4769	1.8113	0.6919	0.6022	2009	0.4535	1.8194	0.6742	0.5645
2006	0.4827	1.8514	0.6933	0.5760	2010	0.4640	1.3581	0.5647	0.5107
2007	0.4845	1.7823	0.6681	0.5719	2011	0.4656	1.3973	0.5992	0.4997
2008	0.4816	1.8046	0.6679	0.5719	2012	0.4659	1.4008	0.5628	0.4843

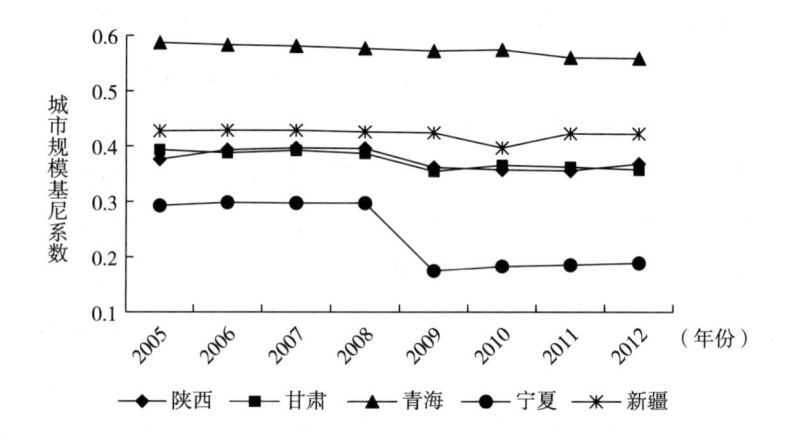

图4-6　2005—2012年西北五省区城市规模基尼系数演变

（二）西北地区城市首位度指数演变

Jefferson在1989年对国家城市规模分布规律进行了研究概括，并提出了首位律①，也就是第一大城市规模远远超出其他城市规模，

---

① Jefferson M., "Why Geography? The Law of the Primate City", *Geographical Review*, Vol. 79, No. 2, 1989.

并提出两城市首位度指数,即区域中最大城市与第二位城市人口的比值。后来,为了改善两城市系数的简单化,有学者提出了四与十一城市指数的概念,计算公式分别如下:

$$S_2 = P_1/P_2;\ S_4 = P_1/(P_2 + P_3 + P_4);$$
$$S_{11} = 2P_1/(P_2 + P_3 + \cdots + P_{11}) \tag{4-2}$$

式中,S_n为城市首位度指数,P_1,P_2,P_3,$\cdots$,P_{11}是降序排列后的城市人口规模。区域的首位度越大,说明城市体系的首位城市规模越大。正常的两城市指数应该为2,四城市和十一城市指数为1。结合相应数据,计算出2005—2012年西北地区城市体系首位度指数(S_2,S_4,S_{11}),如表4-3所示,从2005—2012年西北地区的两城市指数、四城市指数和十一城市指数来看,三类指数在各年均低于标准值,西北地区城市规模首位度分布并不明显。从长期变化趋势来看,三类指数在长期内是保持明显的下降趋势,反映出在快速城市化进程中首位城市集聚度在不断弱化,其他规模较大的城市发展较快,与首位城市的规模差距在不断缩小。

从西北五省区各自的城市体系首位分布来看,差异是较明显的。由于部分省区其地区数量不足11个(如陕西、青海和宁夏),所以只计算五省区的两城市指数和四城市指数,如图4-7和图4-8所示,

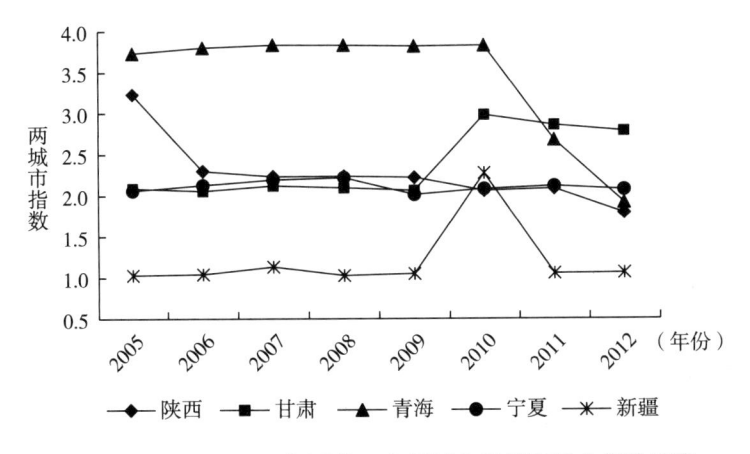

图4-7 2005—2012年西北五省区城市规模两城市指数演变

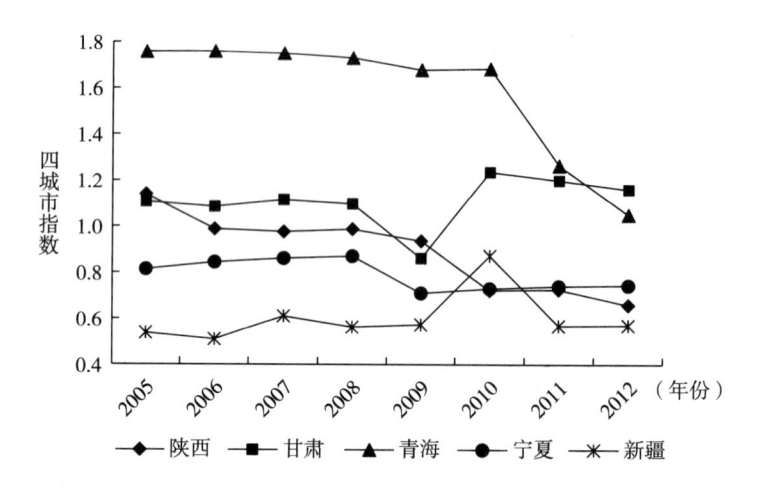

图 4-8　2005—2012 年西北五省区城市规模四城市指数演变

青海的城市首位分布在 2010 年之前是较明显的，两城市指数和四城市指数偏离正常值接近 100%，西宁市的规模较之其他城市是偏大的，在 2010 年之后其首位度指数逐渐下降，2012 年已接近正常值；新疆的城市首位分布最不明显，其两城市指数和四城市指数基本保持稳定，分别在 1 和 0.5 浮动，说明次规模城市与首位城市乌鲁木齐的规模差距不大，这也与新疆地域广阔，存在几个较大的次级中心城市的现实是相符的；陕西、甘肃和宁夏的首位度指数相对接近于正常值，其首位度分布较为理想，但甘肃的首位度指数在 2010 年出现了明显的提高，说明在这一时期其首位城市兰州的规模发展较其他城市是较快的，同时陕西和宁夏的两城市指数相对稳定，而四城市指数在 2009 年开始出现了下滑，说明其第三、第四位规模的城市发展较为迅速。

综合西北地区 2005—2012 年城市体系规模基尼系数与首位度指数变动趋势，可以看出伴随着城市化进程的不断加速，城市间的规模差距在不断变小的同时首位城市规模比例在逐渐下降，说明相对于首位城市的发展速度，其他城市规模的扩张速度是较快的，但是基尼系数和首位度指数只能反映城市体系规模差异程度的变动和部分规模较大城市间的规模分布，不能准确地得知城市体系规模结构全面的内部变动状况，而通过位序规模分布分析可以观察西北地区城市体系规模结构的内部演变。

(三) 西北地区城市体系位序规模分布演变

位序规模法则是对城市规律的分布现象的概括总结，能够验证城市规模分布是否合理。1913 年，Auerbach 通过对 5 个欧洲国家和美国的城市人口数据的实证检验，提出了位序规模分布法则[①]，其表达式为：

$$P_i R_i = K \qquad (4-3)$$

式中，P_i 是城市 i 的人口规模，R_i 是所有按人口规模排列的城市中的 i 城的位序，就是属于第几级；K 是一个常数。该式表明，任何一个城市的人口规模与它所处的位序的乘积恒等于某个常数。其后的研究中，Lotka（1925）给出了关于位序规模分布的一般性关系式[②]：

$$P_i R_i^\alpha = K = P_1 \qquad (4-4)$$

式中，P_1 是首位城市的人口规模，α 是位序变量的指数。该式的相关系数越大，说明该体系越符合位序规模分布。

对式（4-4）做对数处理，可得公式：

$$\ln P_i = \ln P_1 - \alpha \ln R_i \qquad (4-5)$$

式中，$\ln P_1$ 值是回归线的截距项，它反映了首位城市的规模。α 值是回归线的斜率的绝对值，当 $\alpha = 1$ 时，是标准的位序规模分布；当 $\alpha > 1$ 时，说明城市规模分布比较集中，高位序城市比较突出，而低位序城市发育不够；当 $\alpha < 1$ 时，说明城市规模分布比较分散，位序较低的中小城市发育比较迅速，高位序城市规模不是很突出。对西北地区 2012 年城市规模数据进行排序后对数化处理，利用 SPSS 19.0 软件进行位序规模回归分析，得到回归方程：

[①] 张敦富：《区域经济学原理》，中国轻工业出版社 1991 年版。
[②] Lotka A. J., *The Elements of Physical Biology*, Baltimore, MD: Williams & Wilkins, 1925.

$$\ln P_{2012} = 15.9998 - 0.9738\ln R_{2012} \quad R^2 = 0.7641$$

回归方程拟合度在76%以上，且模型通过1%水平显著性检验，回归结果理想。式中 $\ln P_1 = 15.9998$ 是回归方程的截距项，代表首位城市规模，式中 $\alpha = 0.9738$ 是回归方程的斜率绝对值，$\alpha < 1$ 说明2012年高位序城市规模相对于低位序城市是相对偏小的，但是偏离幅度不大说明西北地区城市规模分布基本符合位序规模法则。根据回归结果绘制2012年西北地区城市位序规模分布双对数回归图，如图4-9所示，位序较高时城市数量较少，而伴随着自左至右位序的下降城市数量在逐渐增加，符合位序规模法则中位序与城市数量成反比的特征。同时自左至右可以看到在回归线上段各散点与回归线拟合较好，但是回归线下端各散点则出现了偏离的现象，说明部分城市规模偏离位序规模法则，如在回归线右上方偏离说明城市规模相对其位序而言是偏大的，左下方偏离说明城市规模相对其位序而言是偏小的，从图中看位序较高和较低的城市规模是相对偏小的。

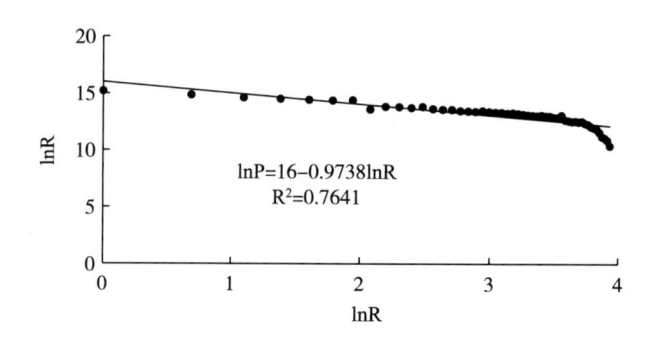

图4-9 2012年西北地区城市位序规模分布双对数坐标

对西北地区2005—2012年历年城市规模数据进行位序规模回归分析，回归拟合度均较好，且模型通过1%水平显著性检验。相关指数分布如表4-4所示，2005—2012年西北地区 $\ln P_1$ 呈现增长趋势，这与西北地区首位城市西安的城市人口规模不断增长的现实是吻合的。2005—2012年历年的 α 值均小于1，但是偏离幅度不大，最小时也仅为 0.9394，说明西北地区城市规模分布基本符合位序规模分布法则，但是 α 值均小于 1 说明规模分布略显分散，高位序城市规模相对较小，这与首位度指数的判断是吻合的。同时可以看到，2005—2012 年西北地区城市体系位序规模指数 α 伴随着城市化进程呈上升趋势，并不断趋近于 1，说明这一阶段相对于低位序城市规模的缓慢增长，高位序城市的增长是迅速的，城市体系规模结构呈集中态势，城市体系等级规模逐渐接近位序规模分布。

表 4-4　2005—2012 年西北地区城市体系位序规模分布演变

年份	$\ln p_1$	α	R^2	年份	$\ln p_1$	α	R^2
2005	15.5102	0.9336	0.7332	2009	15.7610	0.9394	0.7236
2006	15.6157	0.9530	0.7412	2010	15.8915	0.9682	0.7471
2007	15.6411	0.9551	0.7547	2011	15.9733	0.9773	0.7692
2008	15.6575	0.9469	0.7550	2012	15.9998	0.9738	0.7461

从西北五省区城市体系位序规模分布变化来看，各省区间存在一定的差异。图 4-10 反映了西北五省区城市体系 2005—2012 年位序规模指数的变化，如图 4-10 所示，新疆的位序规模指数在 1 左右浮动，是最为接近正常值的，说明新疆的城市体系位序规模分布较为合理；陕西、甘肃和宁夏的位序规模指数小于 1，说明其城市体系中城市规模分布相对分散，大城市的规模集中程度相对较低，中小城市的规模较为突出；青海的位序规模指数是最高的，在 1.6 左右浮动，说明其城市体系中城市规模分布相对集中，大城市的规模较为突出。从位序规模指数的变化来看基本可以分为两类，青海、新疆、陕西和宁夏基本呈"U"形发展趋势，说明其城市体系规模分布经历了"集中—分散—集中"的历程，而甘肃呈倒"U"形发展趋势，其城市体系规模分布是"分散—集中—分散"的过程。

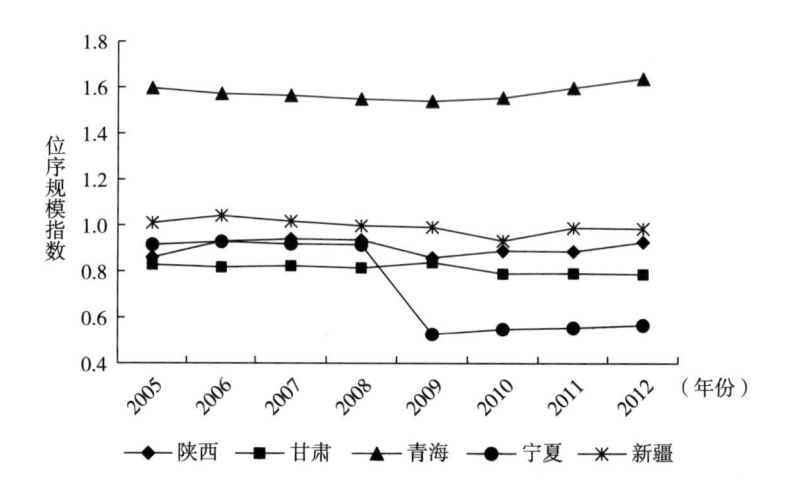

图4-10　2005—2012年西北五省区城市体系位序规模指数演变

区域城市体系等级规模结构是区域城市体系的重要特征，等级规模结构反映出当前区域城市发展的阶段并决定着区域城市化未来的进程。从以上的分析可以看到，伴随着西北地区城市化进程的不断深入，高等级规模城市数量以层级递进的方式不断增加，其等级规模结构呈现出高级化演变趋势，同时结合规模差异和规模分布演变分析来看，西北地区城市体系规模结构趋于平衡，反映城市体系等级规模差异的基尼系数与首位度指数呈持续下降趋势，说明这一时期在首位城市与其他城市规模差异不断缩小的同时，各级城市间的规模差异也在不断缩小，而这一时期位序规模分布指数 α 也逐渐接近于1，城市规模越符合位序规模法则，这种变化说明城市体系等级规模结构出现了分化，首位城市之外的大城市实现了规模的快速增长，而中小城市规模发展缓慢，反映出西北地区城市化进程处于高速增长时期，人口向城市加速聚集，伴随着城市化进程不断加速，由于五省区首位城市规模发展趋于饱和而中小城市规模集聚力较弱，人口聚集主要在其他大规模城市实现，整体城市体系等级规模结构出现首位城市、中小城市规模发展缓慢和大城市规模快速增长的"两头变小，中间增大"趋势。西北地区城市化进程在未来一段时期内还将处于加速发展阶段，由此可以判断西北地区未来城市体系规模结构演变还可能继续呈现出"马太效应"，大城市凭借其自身的规模集聚力不断加速扩张，而首位城市和中小城市由于受到承载力有限和集聚力较弱的限制，未来规模扩张空间有限。

本章小结

在城市化进程不断加速的背景下，对西北地区的城市化发展从城市化水平演变、城市化空间演变以及城市体系演变的角度进行了分析，对西北地区整体及其五省区城市化水平的发展态势进行了把握，发现西北地区城市化进程总体处于加速阶段，但整体城市化水平较低，同时区内存在较大的省际差异；在整体性城市化水平的研究基础上对城市化发展在西北地区内部空间结构进行了研究，发现存在城市人口空间分布的集中现象和演变态势，并带来了城市化发展的空间分异；最后对西北地区城市化发展中的城市体系规模结构变化进行了分析，发现在快速城市化发展阶段中，西北地区非首位大城市规模扩张是比较明显的，并且存在进一步加速的趋势。通过以上对西北地区城市化发展基本情况和规律的把握，有助于开展后期的研究工作。

第五章　产业变迁驱动下的西北地区城市化发展

城市发展的基本动力为经济动力，以第二、第三产业为代表的经济活动大量布局在城市之中，导致产业活动的变化对城市化发展影响巨大。产业变迁对城市化发展的作用既体现为对城市化水平的影响，也体现为对城市化空间演变的影响，西北地区作为城市化水平相对滞后的区域，通过研究其产业变迁对城市化发展的影响，进而把握其影响态势及影响路径，对于如何以产业变迁为重要手段来推进西北地区城市化发展有着重要的意义。

第一节　产业就业视角下的西北地区城市化发展

城市化进程实质上是人口不断从乡村转移到城市的空间流动过程，而人口空间流动的主要动因为经济活动的重组，尤其是产业发展引发的就业结构转变对人口流动的影响至关重要。从城市化进程发展的世界经验来看，首次大规模人口乡城流动引发的城市化加速阶段就发生于工业革命时期，以英国为代表的新兴工业国家由于技术革新导致工业蓬勃发展，进而引发工业劳动力需求的爆炸式增长，不断吸引农村人口进入城市成为新兴产业工人，这一进程使这些新兴工业国家的城市化水平迅速增长。中国的快速城市化进程也具有相似的特征，大规模农村剩余劳动力由第一产业转移至第二、第三产业就业成为城市化加速的基本原因,所以产业变迁中的城市化发展其实质为产业变迁中的就业转移,产业就业转变对城市化发展具有重要意义。

一 产业就业视角下的西北地区城市化进程

产业结构演变与城市化发展具有紧密的联系,产业结构的高级化意味着第二、第三产业的比重在不断提升,而第二、第三产业一般布局在城市中,产业结构的高级化也就意味着城市经济在整体经济中的比重在不断扩张,城市经济活动规模的扩张和频率的提升,意味着经济发展对要素需求的增长,引致了包含劳动力在内的经济要素不断向城市集中,势必会带来城市化发展。

综合之前西北地区产业变迁和城市化发展的分析,可以发现西北地区乃至全国的三次产业产值结构在不断高级化的同时,各区域的城市化水平也在不断提高,说明产业结构高级化演变对城市化发展有着明显的推动作用,但是对全国和西北地区产业产值结构和城市化水平进行对比后发现,西北地区和全国第二、第三产业产值比重大体相似,但城市化水平差异明显。图 5-1 反映了 2005—2012 年西北地区与全国第二、第三产业产值和就业比重变化,图中数据来源于《中国统计年鉴(2006—2013)》。如图 5-1 所示,2005—2012 年西北地区与全国第二、第三产业产值比重呈上升趋势,二者间差异并不明显,差值在 2% 左右浮动,并未有明显变化趋势,但是西北地区与全国的城市化水平却存在明显差距,如图 5-1 所示,2005—2012 年西北地区城市化水平明显落后于全国,二者差值在 7% 左右浮动,则说明在产业结构高级化不断推进城市化水平的同时,其他原因导致了城市化水平的差异,进一步对西北地区第二、第三产业就业比重和全国水平进行了对比,发现西北地区产业就业结构明显滞后于全国水平,如图 5-1 所示,2005—2012 年西北地区和全国产业就业结构伴随着产值结构的变化均出现了增长,但是全国第二、第三产业就业比重明显高于西北地区,而且

2005—2012年两者间差值由8.67%上升至13.07%,差值有着进一步增长的趋势,说明在一定程度上西北地区就业结构较为落后,导致城市产业规模在不断增长的同时却无法引致就业规模的快速增长,使农村劳动力向城市转移的速率相对变缓,进而城市化进程受到了阻滞。

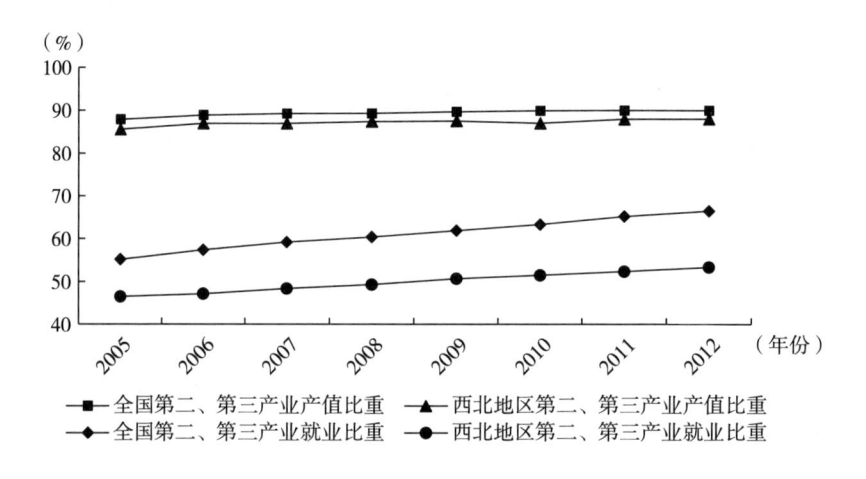

图5-1 2005—2012年西北地区与全国第二、第三产业产值和就业比重

二 西北地区产业—就业协调度与城市化水平

对于产业结构和就业结构关系的分析是产业研究中的一项重要内容,国际发展经验和相关研究均表明不同经济发展水平下的产业结构下对应着不同的就业结构,说明产业结构与就业结构是相互联系的,孤立地观察无法得到有效的结论。伴随着产业结构与就业结构之间理论的不断完善和明晰,国内众多学者开展了对中国产业结构与就业结构协调关系的研究,李仲生(2003)[①]、喻桂华和张春煜

---

① 李仲生:《中国产业结构与就业结构的变化》,《人口与经济》2003年第2期。

(2004)①、陈桢（2007）② 等学者对中国产业结构和就业结构的发展进行了实证分析，并与国际经验进行了对比，另一部分学者则关注于产业结构与就业结构协调程度的测度，王晓君和刘爱芝（2006）③、战炤磊（2008）④、杨晓云（2010）⑤ 等提出了利用相对值测算的产业—就业偏离度，并指出这一指标更为科学。

综合上述分析，产业结构和就业结构为紧密联系的经济指标，不同的产业结构决定着不同的就业结构，所以仅从就业结构出发判断西北地区产业变迁与城市化发展是不足的，应以产业结构和就业结构协调视角对西北地区城市化发展进行分析。在产业结构和就业结构协调计算指标方面，鉴于利用相对值测算的产业—就业偏离度应用更为广泛和成熟，故采用其测算西北地区产业—就业结构偏离程度，计算公式如下：

$$D_i = \frac{Y_i/Y}{L_i/L} - 1 \qquad (5-1)$$

式中，D_i 为 i 产业的产业—就业结构偏离度，Y_i 为第 i 产业增加值，Y 为地区总产值，L_i 为 i 产业就业人数，L 为地区总就业人数，如 D 值大于零，则说明就业结构落后于产业结构；D 值小于零，则说明产业结构落后于就业结构，利用该式计算的 D 值越小说明产业结构与就业结构的协调程度越高，反之则说明二者协调程度越低。

利用式（5-1）对全国和西北地区产业—就业偏离度进行了测

---

① 喻桂华、张春煜：《中国的产业结构与就业问题》，《当代经济科学》2004 年第 5 期。
② 陈桢：《产业结构与就业结构关系失衡的实证分析》，《山西财经大学学报》2007 年第 10 期。
③ 王晓君、刘爱芝：《山东省产业结构与就业结构协调发展研究》，《山东社会科学》2006 年第 8 期。
④ 战炤磊：《产业发展与人口就业协调共进研究——以江苏为例》，《人口与发展》2008 年第 3 期。
⑤ 杨晓云：《三峡库区产业结构与就业结构匹配度及协调发展研究——基于 2000—2008 年数据分析》，《农业现代化研究》2010 年第 3 期。

算,由于城市发展更多地依赖于第二、第三产业的发展,城市化水平的提高对第二、第三产业就业也更为敏感,所以在计算时采用第二、第三产业相关数据,分别计算 D_2 和 D_3,计算结果见表5-1。如表5-1所示,2005—2012年全国和西北地区 D_2 和 D_3 均大于零且呈下降趋势,说明就业结构均滞后于产业结构,但协调程度在不断提升,但西北地区整体产业—就业偏离程度高于全国水平,尤其是 D_2 明显高于全国水平,说明西北地区第二产业的就业结构滞后程度更高。从西北五省区来看,2005—2012年各省区 D_2 和 D_3 大多数情况下大于零且明显高于全国水平,说明各省区就业结构均落后于产业结构,且较全国平均水平其落后程度较为突出。同时可以明显发现省区间存在明显差异,从第二产业的产业—就业偏离度来看,甘肃 D_2 值最高且呈波动趋势,青海、新疆和陕西的 D_2 值基本相似,但陕西的下降速度是最快的,宁夏的 D_2 值是最低的;从第三产业的产业—就业偏离度来看,甘肃的 D_3 值明显高于其他四个省区,宁夏、陕西和青海次之,新疆的 D_3 值是最低的。从整体来看,宁夏和陕西的第二、第三产业结构与就业结构协调程度是最好的,新疆和青海次之,甘肃第二、第三产业结构与就业结构协调程度是五省区中最弱的。

表5-1 2005—2012年全国与西北地区第二、第三产业—就业偏离度

年份	全国		西北地区		陕西		甘肃		青海		宁夏		新疆	
	D_2	D_3	D_2	D_3	D_2	D_3	D_2	D_3	D_2	D_3	D_2	D_3	D_2	D_3
2005	0.99	0.29	1.73	0.32	1.66	0.19	1.96	0.88	1.80	0.19	1.06	0.45	1.88	0.08
2006	0.90	0.27	1.88	0.25	1.74	0.15	2.10	0.80	1.67	0.15	1.07	0.30	2.50	-0.01
2007	0.77	0.29	1.79	0.22	1.60	0.12	2.15	0.72	1.55	0.05	1.19	0.26	2.28	0.00
2008	0.74	0.26	1.79	0.18	1.56	0.06	2.07	0.73	1.57	0.02	1.02	0.31	2.49	-0.06
2009	0.66	0.27	1.47	0.25	1.17	0.15	1.95	0.77	1.43	0.05	0.90	0.21	2.07	0.03
2010	0.63	0.25	1.41	0.18	0.99	0.15	2.14	0.62	1.44	-0.03	0.86	0.22	2.21	-0.10
2011	0.58	0.21	1.38	0.17	0.95	0.10	2.07	0.68	1.44	-0.12	0.85	0.18	2.12	-0.05
2012	0.49	0.24	1.29	0.18	0.87	0.10	1.94	0.68	1.41	-0.15	0.77	0.18	1.97	0.01

从产业就业角度来看城市化进程是农业人口向第二、第三产业就业转移的过程,所以产业就业变动对于城市化进程的影响很大。产业结构与就业结构相偏离说明产业规模扩张的同时其就业扩张并不协调,在就业结构滞后的情况下,产业—就业偏离度越大说明产业在快速发展的同时其就业增长缓慢,种种原因导致乡村人口向城市流动的意愿程度下降,从而阻滞了城市化进程的快速发展。

以2005—2012年西北五省区产业—就业偏离度和城市化水平相关数据绘制散点图后发现,二者间存在明显的负相关性,图5-2反映了2005—2012年西北五省区产业—就业偏离度和城市化水平,图中纵轴为城市化水平,横轴为产业—就业偏离度,在分析中并未再区分第二、第三产业,而是将两者的产业—就业偏离度数据相加来反映城市主体产业的产业结构与就业结构协调性,如图5-2所示,2005—2012年西北五省区产业—就业偏离度和城市化水平呈明显负相关性,产业—就业偏离度越高,城市化水平越低。同时产业—就业偏离度直接导致了五省区城市化水平的差异,宁夏和陕西的第二、第三产业—就业偏离度最小,其城市化水平在五省区中是最高的,甘肃的第二、第三产业—就业偏离度最大,其城市化水平在五省区中是最低的,新疆和青海产业—就业偏离度介于二者之间,其城市化也是中等水平。

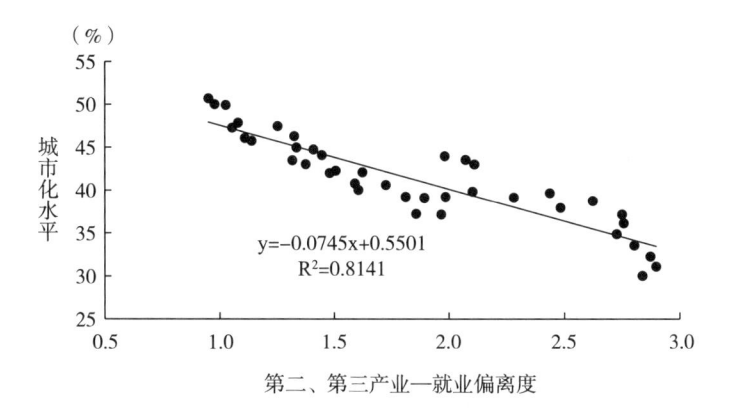

图5-2 西北五省区城市化水平与产业—就业偏离度线性关系

进一步以产业—就业偏离度为自变量,以城市化水平为因变量,对二者间的线性关系进行了回归,得出以下关系式:

$$UR = 0.5501 - 0.0745D$$
$$(49.17)(-12.90)$$
$$R^2 = 0.8141 \quad F = 166.4772 \quad\quad\quad (5-2)$$

式中,UR 代表城市化水平,D 代表城市中产业—就业偏离度,$D = D_2 + D_3$,下方括弧中数字代表截距项和自变量的 t 检验值,其均通过在1%显著水平下的 t 检验,拟合度为0.8141,拟合程度良好,且通过1%显著水平下的 F 检验,说明关系式具有显著意义。二者相关系数为负,进一步印证了西北五省区产业—就业偏离度和城市化水平间具有显著的负相关性。

三 西北地区城市化进程中产业—就业协调发展分析

产业—就业协调程度直接决定了城市产业发展中的就业容量,进而对城市化水平产生重要的影响,西北地区就业结构明显滞后于产业结构的现实阻碍了其城市化进程的进一步发展,所以对西北地区城市化进程中的产业—就业相偏离现象的研究对于西北地区城市化发展有着重要意义。对西北地区产业—就业相偏离的研究从内部和外部两个维度进行,第一,从产业内部视角进行观察,产业—就业相偏离说明产业内部本身就业需求增长相对于产业发展是缓慢的,通过对三次产业进一步的细分化,通过其内部产业就业发展状况的分析,得出产业—就业偏离的产业内部原因。第二,就业结构滞后于产业结构除了产业就业自身原因外,还可能存在其他外部影响因素,通过构建西北地区城市化进程中产业—就业协调的外部影响因素的面板数据分析模型,利用实证方法观察各外部因素对于西北地区产业—就业偏离的影响程度。

(一) 西北地区城市化进程中产业—就业协调的产业内部分析

西北地区城市化进程中产业—就业偏离的主要特征为第二、第三产业就业结构滞后于产业结构,从产业自身出发,内部各产业就业需求增长相对缓慢是导致其出现产业—就业偏离的重要原因，所以有必要对其进行分析，第二、第三产业包含的产业种类是比较宽泛的，其内部各产业规模与就业增长情况参差不齐，对其一一进行分析难以得出有效的结论，而在各类产业中主导产业对整体产业的影响是最大的，直接决定了产业体系构成，所以对西北五省区主导产业的就业需求增长进行分析以此来判断整体产业—就业偏离的原因。

由于城市中承载的主体产业为第二、第三产业，同时第二、第三产业与就业相偏离是造成西北地区城市化水平滞后的主要原因，所以仅对属于第二、第三产业范畴的主导产业进行分析，依据表3-6 划分的西北五省区主导产业，选择其中属于第二、第三产业类型的主导产业作为五省区城市主导产业，发现西北地区城市主导产业均为第二产业，进一步对其产业规模增长中的就业增长进行分析。由于 2012 年相关产业就业数据在《中国工业统计年鉴（2013）》中未统计，所以分析时期为 2005—2011 年，表5-2 反映了 2005—2011 年西北五省区城市主导产业就业增长，如表5-2 所示，相对其产业规模持续上升的态势，2005—2011 年西北五省区城市主导产业间就业变化差异较大，体现为持续上升、波动上升和波动下降三种情况，从整体来看五省区城市主导产业规模与产业就业发展并不同步，二者之间存在差距。

表5-2　　2005—2011 年西北五省区城市主导产业就业增长　单位：万人

城市主导产业	陕西		甘肃		青海		宁夏			新疆
	①煤炭开采和洗选业	②石油加工炼焦及核燃料加工业	①金属冶炼及压延加工业	②电力、热力的生产和供应业	①建筑业	②电力、热力的生产和供应业	①电力、热力的生产和供应业	②煤炭开采和洗选业	③化学工业	①石油和天然气开采业
2005 年	11.26	2.09	14.28	6.88	3.42	1.57	2.61	5.69	2.77	9.21
2006 年	12.64	3.1	13.7	6.64	3.45	1.46	2.14	6.04	2.55	11.46

续表

城市主导产业	陕西		甘肃		青海		宁夏		新疆
	①煤炭开采和洗选业	②石油加工炼焦及核燃料加工业	①金属冶炼及压延加工业	②电力、热力的生产和供应业	①建筑业	②电力、热力的生产和供应业	①电力、热力的生产和供应业	②煤炭开采和洗选业	③化学工业	①石油和天然气开采业
2007年	12.72	2.66	13.5	6.6	3.48	1.45	2.25	5.98	2.58	10.84
2008年	14.75	3	13.1	7.44	3.51	1.45	2.5	6.13	2.86	12.25
2009年	16.04	2.75	12.9	7.43	3.54	1.64	2.49	6.11	2.7	10.72
2010年	17.29	3.69	13.72	7.33	3.57	1.63	2.6	6.18	2.8	10.44
2011年	19.75	4.42	12.85	5.69	3.6	0.92	2.91	5.96	3.48	11.92

资料来源：青海省建筑业就业数据来源于《青海统计年鉴（2006—2012）》，其他产业就业数据均来源于《中国工业经济统计年鉴（2006—2012）》。

各主导产业就业增长状况的较大差异说明产业规模增长与其就业增长间的关系是不同的，进一步利用就业弹性对西北五省区城市主导产业发展对就业增长的促进效应进行分析。就业弹性是衡量产业发展与就业增长间关系的重要指标，是指产业就业增长率与产业产值增长率的比值，反映了产业产值增长对产业就业增长的带动能力，其值越大说明产业产值增长带动就业增长的能力越强，反之则越弱，其具体计算公式如下：

$$E_i = \frac{(p_{i,t} - P_{i,t-1})/P_{i,t-1}}{(Y_{i,t} - Y_{i,t-1})/Y_{i,t-1}} \quad (5-3)$$

式中，E_i 代表 i 产业的就业弹性系数，$P_{i,t}$ 和 $P_{i,t-1}$ 分别代表 i 产业本期和上一期的就业人数，$Y_{i,t}$ 和 $Y_{i,t-1}$ 分别代表 i 产业本期和上一期的产值。基于西北地区五省区城市主导产业均为第二产业的状况，利用相关数据，对2006—2011年全国第二产业和西北五省区城市主导产业的就业弹性系数进行测算，如图5-3所示，2006—2011年全国第二产业平均就业弹性系数为0.26，说明产值增长1%会带动就业增长 0.26%，而西北五省区城市主导产业的就业弹性系数均低于全国平均水平，甚至部分产业就业弹性系数为负值，意味着产业规模增长的同时在不断地挤出就业岗位。在之前的西北地区产业体系分析中可以看到，西北地区主体产业基本为自然资源开发与加工利用产业，此类产业的基本特征是资本密集投入，通过资本投入可以不断替代劳动就业，所以在经济发展和技术进步过程中其产业发展与就业增长呈现分异化特征。主导产业对整体产业发展的影响至关重要，主导产业就业弹性的落后意味着其发展带动整体产业规模在不断扩张的同时就业增长有限，而且西北地区城市主导产业基本分布于第二产业中的资本密集型产业中，其就业吸纳能力较弱，导致西北地区整体产业尤其是第二产业的产业—就业偏离度与全国差距越来越大，进而加剧了西北地区与全国间的城市化水平差距。

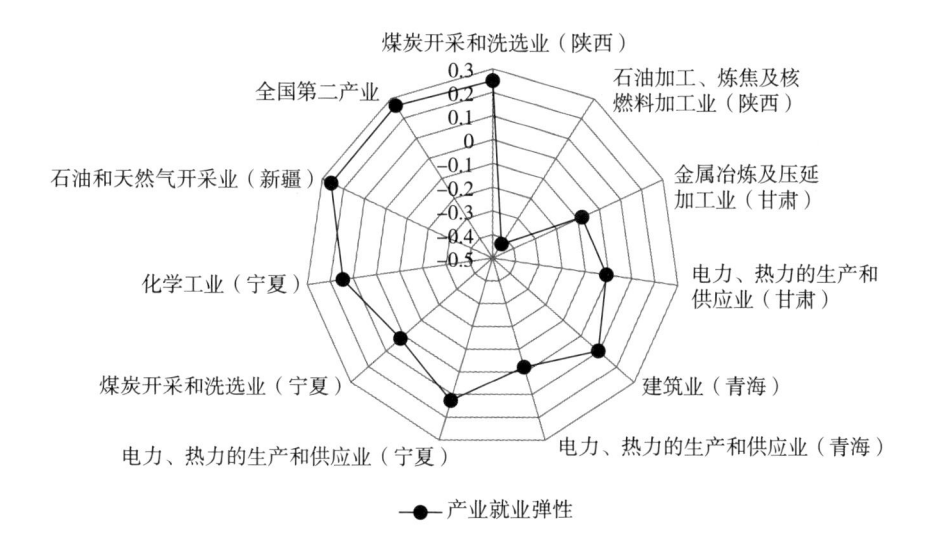

图 5-3　全国第二产业与西北五省区城市主导产业—就业弹性

（二）西北地区城市化进程中产业—就业协调的外部影响因素分析

产业自身的就业需求对产业与就业协调发展有着重要影响，但是在就业需求稳定的情况下，还可能存在其他外部因素导致劳动力市场需求与供给不匹配，进而使产业与就业相偏离。劳动力市场与其他市场一样，对于外部影响的敏感程度较高，外部因素的变化会直接导致市场失衡。在城市产业规模不断扩张的同时要实现城市中产业与就业的协调发展，更多地需要乡村人口的就业向城市转移，而在转移过程中有很多外部因素对其就业产生影响，从而有可能加剧劳动力市场的失衡，带来城市中产业和就业的进一步偏离。

在相关研究中，王春超（2011）[1]认为，就业收入水平及其预期对于乡城流动人口的就业倾向有着重要影响；蔡昉（2007）[2]通过实证分析后发现中国劳动力市场不断地发展有效缓解了城市就业压力；李萍和谌新民（2011）[3]发现伴随着城市流入人口的不断增多，城市就业风险的增长导致其就业吸引力在不断下降；申明浩和周林刚（2004）[4]通过对乡城流动人口就业模式的研究发现，个体劳动者素质对其就业模式有着深刻影响；张启春和汤学兵（2008）[5]研究认为，城市可以通过提升公共服务能力增强其吸引力，进而使其就业得以发展。上述研究均肯定了外部因素对于城市就业发展的重要影响，并从不同角度揭示了影响城市就业发展的因素类型。西北地区城市化进程中的产业与就业的偏离体现为就业滞后于产业发展，其城市就业增长也势必受到外部因素的影响，有必要以外部视角对其进行分析。

1. 模型选择

面板数据是各地区的时间序列数据所组成的样本数据，由面板

---

[1] 王春超：《农民工流动就业决策行为的影响因素——珠江三角洲地区农民工就业调查研究》，《华中师范大学学报》（人文社会科学版）2011年第2期。

[2] 蔡昉：《中国劳动力市场发育与就业变化》，《经济研究》2007年第7期。

[3] 李萍、谌新民：《迁入地就业容量与就业风险对劳动力流动的影响——以广东省为例》，《中国人口科学》2011年第2期。

[4] 申明浩、周林刚：《农民就业选择制约因素的实证研究》，《财经科学》2004年第1期。

[5] 张启春、汤学兵：《人口迁移，就业机会与基本公共服务的实证研究——以湖北迁出人口为例》，《统计与决策》2008年第16期。

数据建立的计量模型称为面板模型，由于其兼具时间和截距两种维度，解释力相对于截面数据或时间序列数据更强，在西北地区城市化进程中产业—就业偏离的外部影响因素分析中，可根据五省区在一定时期内的数据进行分析，所以面板模型是适宜的。一般面板数据模型形式为：

$$Y_{it} = \alpha_i + \alpha_t + \beta_{1i}X_{it} + \beta_{2i}X_{it} + \beta_{3i}X_{it} + \cdots + u_{it} \quad (5-4)$$

式中，Y_{it} 代表 i 地区在 t 时期的被解释变量，$X_{1,it}$、$X_{2,it}$、$X_{3,it}\cdots$ 代表 i 地区在 t 时期的解释变量，α_i 和 α_t 分别代表个体效应和时间效应，是由于地区间差异和时期内变化所可能产生的，具体可根据 Husman 检验测定其存在性，β_{1i}、β_{2i} 和 β_{3i} 分别代表 i 地区的系数，u_{it} 为随机误差项。

上述模型又可以分为三种情况：

$$\begin{cases} \alpha_i = \alpha_j,\ \beta_{1i} = \beta_{1j},\ \beta_{2i} = \beta_{2j},\ \beta_{3i} = \beta_{3j},\ \cdots \\ \alpha_i \neq \alpha_j,\ \beta_{1i} = \beta_{1j},\ \beta_{2i} = \beta_{2j},\ \beta_{3i} = \beta_{3j},\ \cdots \\ \alpha_i \neq \alpha_j,\ \beta_{1i} \neq \beta_{1j},\ \beta_{2i} \neq \beta_{2j},\ \beta_{3i} \neq \beta_{3j},\ \cdots \end{cases} \quad (5-5)$$

第一种为齐性参数模型，其截距和系数是完全一致的，地区和时序样本的变化完全反映在随机误差项 u_{it} 之中；第二种为变截距模型，其系数不变，但截距伴随地区和时序样本的变化而变化；第三种为变系数模型，其截距和系数都随着地区和时序样本的变化而变化。具体面板模型的类型需要用 F 检验来判断，检验构造如下：

$$F_2 = \frac{(S_1 - S_3)/[(N-1)(K+1)]}{S_3/[NT - N(K+1)]} \quad (5-6)$$

$$F_1 = \frac{(S_2 - S_3)/[(N-1)K]}{S_3/[NT - N(K+1)]} \quad (5-7)$$

式中，N 为地区数，T 为时期数，K 为解释变量个数，S_1、S_2、S_3 分别为齐性参数模型、变截距模型和变系数模型的回归残差平方和。如果有：

$$F_2 < F_\alpha[(N-1)(K+1),\ N(T-K-1)] \quad (5-8)$$

则为齐性参数模型，反之则有可能是其他两种模型，则需进一

步检验 F_1 进行确定，如果有：

$$F_1 < F_\alpha [(N-1)K, N(T-K-1)] \tag{5-9}$$

则为变截距模型，反之则为变系数模型。

2. 指标选取及数据来源

由于第二、第三产业与就业相偏离是引发西北地区城市化进程滞后的主要原因，所以第二、第三产业就业偏离度之和（D）为被解释变量，$D = D_2 + D_3$。解释变量根据前人的研究，选取以下指标：

（1）劳动力素质（ED）。城市第二、第三产业中大部分部门属现代产业，其就业门槛相对较高，要求劳动力具备一定的产业技能才能就业，尤其是在西北地区大量承接东、中部产业时，虽可以增加大量就业需求但由于劳动力自身不具备就业素质，从而形成结构性失业，同时迫使企业更多地以资本设备代替劳动投入，从而使产业—就业偏离度更大。利用劳动力受教育程度反映劳动力素质，具体为整体就业人员中大专文化程度以上人员所占比例。

（2）城市就业收入增长（IN）。收入水平的提高是乡村人口向城市转移的一个重要诱因，城市就业收入水平增长较快会吸引更多的乡村人口去城市寻求就业，而在农业从业者收入持续增加的背景下，城市就业收入必须保持较快的增长，否则城乡收入差距逐渐缩小的情况下，人口转移规模会逐渐减小，从而使城市产业就业增长难以得到有效保障，导致产业—就业偏离度增长。利用城市就业人员工资增长率来反映就业收入增长。

（3）劳动力市场完善程度（LM）。城市较高的就业收入是乡村人口向城市就业转移的重要原因，但是这一过程在一定程度上还取决于乡村人口能够在城市中就业的可能性，在就业可能性较低的情况下，即使再高的就业收入也不足以吸引乡村人口向城市转移。劳动力市场是一个典型的信息不对称市场，传统的以地缘或亲缘为依托的就业渠道或信息是较少的，导致大量乡村劳动力滞留，而通过完善劳动力市场，通过拓宽就业渠道和增强就业信息交换等手段，可以有效地提升劳动力就业的机遇，从而使更多的乡村人口进入城市第二、第三产业就业，使产业—就业偏离度逐渐降低。利用劳动力职业介绍机构发展来反映劳动力市场的完善程度，具体为通过职业介绍机构成功就业人数所占整体登记求职人数的比例。

(4) 城市就业公共服务（UI）。由于在城市化进程中大量的乡村人口脱离原有的生活和就业环境，其生活和就业的保障程度是较低的，可能会出现无法应对就业和生活中出现的突发问题而陷入困境的状况，从而迫使其返乡，导致城市产业就业进一步萎缩，而伴随着就业公共服务能力的增强，可以通过社会保障、法律援助等一系列手段使其就业和生活的保障程度增强，促使其应对突发状况的能力得以提升，有效增强就业和生活的稳定性，在一定程度上保障了城市就业供给的稳定性，使产业—就业偏离度得以改善。利用就业社会保障覆盖程度反映城市就业公共服务能力，具体为失业保险参保人数所占整体就业人数的比例。

根据以上指标选择，具体面板模型为：

$$D_{it} = \alpha_i + \alpha_t + \beta_{1i}ED_{it} + \beta_{2i}IN_{it} + \beta_{3i}LM_{it} + \beta_{4i}UI_{it} + u_{it} \qquad (5-10)$$

分析中采用西北五省区相应的省域数据，样本时间为2005—2012年，其中产业就业偏离度数据利用表5-5的计算结果，劳动力素质和劳动力市场完善程度相关数据来源于《中国劳动统计年鉴（2006—2013）》，城市就业公共服务相关数据来源于《中国统计年鉴（2006—2013）》，城市就业收入增长相关数据由于采用环比增长率来反映，需采集2004年相关数据，其来源于《中国统计年鉴（2005—2013）》。

3. 实证分析

为避免面板模型的"伪回归"问题，首先对各变量进行面板数据单位根检验，检验方法有同质单位根检验方法LLC及异质根检验方法IPS、ADF-Fisher和PP-Fisher，包含截距项和截距项与趋势项并存的两种检验形式，检验结果如表5-3所示，在水平值面板数据单位根检验中，所有变量在大多数情况下均接受"存在单位根"的原假设，为非平稳数据，需进一步对数据差分后进行检验。

表 5-3　　　　　　　　　水平值面板单位根检验

检验方法	D		ED		IN		LM		UI	
	C	C, T	C	C, T	C	C, T	C	C, T	C	C, T
LLC	-1.34 (0.08)	-44.61 (0.00)	3.39 (1.00)	-2.34 (0.01)	-5.88 (0.00)	-4.38 (0.00)	-3.60 (0.00)	-7.95 (0.00)	-5.21 (0.00)	-1.54 (0.06)
IPS	1.28 (0.90)	-3.93 (0.00)	1.70 (0.96)	0.66 (0.74)	-1.59 (0.06)	-0.13 (0.45)	-1.13 (0.13)	-0.91 (0.18)	-0.47 (0.32)	0.68 (0.75)
ADF-Fisher	3.66 (0.96)	31.30 (0.00)	1.71 (1.00)	4.12 (0.94)	19.67 (0.03)	11.52 (0.32)	17.43 (0.07)	21.22 (0.02)	14.02 (0.17)	5.83 (0.83)
PP-Fisher	9.18 (0.52)	34.90 (0.00)	0.79 (1.00)	28.11 (0.00)	20.01 (0.03)	24.40 (0.01)	18.58 (0.05)	47.45 (0.00)	4.59 (0.92)	8.48 (0.58)

注：检验有两种形式，一种只包含截距项，用（C）来表示，另一种除了截距项还包括趋势项，用（C, T）表示，括弧中数字表示 P 值，滞后项由 SC 准则判定。

进一步对面板数据进行一阶差分处理后的单位根检验，检验形式为包含截距项。检验结果如表 5-4 所示，所有变量的一阶差分数据除在少数检验中在 10% 的显著性水平下拒绝"存在单位根"的原假设外，大多数情况下均在 1% 的显著性水平下拒绝"存在单位根"的原假设，所以均为一阶单整，记为 I（1），符合协整检验要求。

表 5-4　　　　　　　　　一阶差分值面板单位根检验

检验方法	dD	dED	dIN	dLM	dUI
LLC	-44.86 (0.00)	-4.93 (0.00)	-4.62 (0.00)	-11.14 (0.00)	-2.15 (0.02)
IPS	-8.39 (0.00)	-1.48 (0.07)	-1.32 (0.09)	-4.67 (0.00)	-1.35 (0.08)
ADF-Fisher	34.73 (0.00)	19.14 (0.04)	17.78 (0.06)	42.35 (0.00)	21.18 (0.02)
PP-Fisher	37.76 (0.00)	31.60 (0.00)	28.33 (0.00)	70.79 (0.00)	20.72 (0.02)

注：检验只包含截距项的形式，滞后项由 SC 准则判定。

在面板数据平稳性检验基础上对其进行 Pedroni 协整检验，以期观察变量间是否存在均衡关系。Pedroni 协整检验结果如表 5-5 所示，除了组内检验 Panel ADF - Statistic 和组间检验 Group ADF - Statistic 在 5% 的显著性下拒绝"不存在协整关系"的原假设外，其他检验均在 1% 的显著性下拒绝"不存在协整关系"的原假设，所以判断变量间存在均衡关系。

表 5-5　　　　　　　　　Pedroni 面板协整检验结果

组内统计量	统计值	P 值	组间统计量	统计量值	P 值
Panel v - Statistic	-2.62	0.00	Group PP - Statistic	-2.75	0.00
Panel PP - Statistic	-2.69	0.00	Group ADF - Statistic	-2.32	0.01
Panel ADF - Statistic	-2.41	0.01			

面板模型选择的准确决定着参数估计的有效性。根据齐性参数模型、变截距模型和变系数模型对面板数据进行回归，分别得出回归残差平方和 S_1、S_2 和 S_3，依据式(5-8)计算 F_2 如下：

$$F_2 = \frac{(S_1 - S_3)/[(N-1)(K+1)]}{S_3/[NT - N(K+1)]} = \frac{(1.99 - 0.75)/[(5-1)(4+1)]}{0.75/[5 \times 8 - 5 \times (4+1)]}$$
$$= 1.23$$

查表得：$F_{0.05}(20, 15) = 1.92$，所以 $F_1 < F_{0.05}$，接受"为齐性参数模型"的原假设，面板模型应为齐性参数模型。

以齐性参数模型对面板数据进行回归之前利用 Husman 检验判断模型的个体效应，检验结果显示在 1% 的显著性下接受"随机效应"的原假设，所以选择随机效应的变系数模型对模型进行估计。面板模型估计结果如表 5-6 所示，模型整体的拟合度达到 0.59，且通过了在 1% 显著性下的 F 检验，整体模型的显著性较强。除 LM 外各变量系数均通过 1% 水平下的显著性检验，各解释变量对被解释变量的影响是显著的。

表 5-6　　　　　　　　　　　　面板模型估计结果

变量	参数	t 值	p 值
C	2.3571	15.2937	0.0000
ED	-0.1950	-14.3632	0.0000
IN	-0.0157	-2.5339	0.0159
LM	-0.0005	-0.5555	0.5821
UI	-0.0346	-13.62053	0.0000
R^2	0.5911	F	11.11273
Adjusted R^2	0.5091	P (F-statistic)	0.0000

4. 外部因素对西北地区产业—就业协调发展的影响分析

从西北地区城市化进程中产业—就业协调影响因素的面板模型的估计结果来看，所有的解释变量与被解释变量均呈负相关性，四类指标的提升可以有效地降低西北地区各省区产业—就业偏离度，使产业与就业发展更为协调。其中，劳动者素质的提升对产业—就业偏离度的影响最为明显，相关系数为 -0.19，说明劳动力素质的提升将有效降低西北地区的产业就业—偏离度，同时也从另一个方面反映了目前制约西北地区城市产业就业增长的主要因素为劳动力素质，产业在快速增长时缺乏相应技能的劳动力，发展中多依赖于资本投入为主的重工业，而就业吸纳率较高的劳动密集型产业和服务业发展迟滞，产业规模在不断扩张的同时就业增长缓慢；影响程度位居其次的是就业公共服务，相关系数为 -0.03，说明通过就业公共服务在一定程度上可以有效地保障劳动者的就业和生活，解决其后顾之忧，促使更多的劳动力进入城市寻求就业，但从整体效应来看还是较弱的，说明受到户籍制度的限制，乡城流动人口并未享受到完善的城市公共服务，城市就业和生活的保障程度是较低的；城市就业收入增长对于产业—就业偏离度的影响显著，但其影响程度较低，相关系数仅为 -0.01，说明目前随着国家惠农政策力度不断增强，城市就业收入增长相对迟缓，城乡间收入差距已不能有效地吸引乡村劳动力向城市转移，收入的吸引力与其他因素相比是较弱的；劳动力市场完善程度虽具有缩小产业—就业偏离度的影响，但并不显著，这在很大程度上说明西北地区劳动力市场对整体就业的影响很小，通过劳动力市场寻求工作并成功就业的人数占整体就业人数的比例较低，大量的乡城流动人口仍然依托于亲缘和地缘关系寻求工作，这在很大程度上造成了劳动力市场供需对接的不透明，同时也说明西北地区劳动力市场仍存在很大的完善空间，但在目前尚未发挥出其就业促进的功效。

综上所述，劳动力素质较低、劳动收入增长缓慢、配套公共服务水平较低和劳动力市场不完善等因素导致西北地区整体就业环境较差，产业规模扩张中并未吸纳大量的就业，制约了产业结构水平与就业水平的协调发展，导致产业结构水平在不断提升时就业增长缓慢，同时就业环境的不理想可能会在未来进一步制约西北地区高就业吸纳率产业的发展，尤其是对有序承接中东部地区劳动密集型产业和发展本地服务业造成了一定的负面影响，未来西北地区产业与就业之间相偏离的状况可能会进一步加深，这将在很大程度上制约西北地区城市化的进一步发展。

第二节　空间视阈下西北地区产业变迁中的城市化演变

城市基本职能包括载体职能、经济职能和社会职能，其中首要的是载体职能，是指城市为人类的各种活动提供了空间场所，尤其是第二、第三产业其基本都在城市布局和发展。第二、第三产业在发展过程中具有极强的空间流动性，伴随着产业空间布局的变化，作为载体的城市发展势必受到影响，这是城市化发展中的重要特征和内容。本节通过产业空间集聚和产业结构变迁视角，分别分析了其对城市人口集聚和城市体系演变的影响，以空间内部视阈研究了西北地区产业变迁过程中的城市化发展。

一 西北地区产业集聚推动下的城市人口空间集聚

产业集聚是指产业在发展进程中存在的地理集中现象，这种现象是产业发展中的必然选择，其目的是通过共享设施、信息、市场等以降低产业外部成本，同时还可以通过集聚来实现知识技术的外溢。产业的地理集聚意味着经济要素在空间上的流动，其中就包括人口流动，区域产业集聚的发生和演变势必对区域城市化造成影响，所以对西北地区的产业和人口的空间集聚进行测度，准确把握二者的发展态势，以及对其关系进行分析是非常有必要的。

（一）地理集聚测度方法

空间集聚的测度是经济地理学当中的热点问题，常用于经济和社会分析，学者们从不同角度提出了多种测度方法，常见的集聚测度指标有区位熵、空间基尼系数、EG 指数和赫芬达尔指数等，但是这些测度方法往往忽略了空间因素，体现了一种抽象的集中，并非地理意义上的集聚，而空间统计方法可以有效地体现地理集聚。空间统计分析的核心是认识与地理位置相关的数据间的空间关系，通过空间位置建立数据间的统计关系。基于全局空间统计方法，学者们提出了几种典型的测度集聚的方法，分别为 Moran（1950）[1] 提出的 Moran's I 指数，Cliff 和 Ord（1981）[2] 提出的 Geary C 指数，Getis 和 Ord（1992）[3] 提出的 General G 指数，其中 Moran's I 和 Geary C 统计量均可以用来表明属性值之间的相似程度以及在空间上的分布模式，但它们并不能区分是高值的空间集聚还是低值的空间集聚，有可能掩盖不同的空间集聚类型。General G 统计量则可以识别这两种不同情形的空间集聚，其计算公式为：

---

[1] Moran P. A. P., "Notes on Continuous Stochastic Phenomena", *Biometrika*, Vol. 37, No. 1, 1950.

[2] Cliff A. D. and Ord J. K., *Spatial Processes: Models & Applications*, London: Pion, 1981.

[3] Getis A. and Ord J. K., "The Analysis of Spatial Association By Use of Distance Statistics", *Geographical Analysis*, Vol. 24, No. 3, 1992.

$$G = \sum_{i}^{n}\sum_{j}^{n} w_{ij}x_i x_j \Big/ \sum_{i}^{n}\sum_{j}^{n} x_i x_j \qquad (5-11)$$

式中，G 代表整体区域研究对象的 General G 统计量，x_i 和 x_j 分别为空间上 i 地区和 j 地区的观测值。w_{ij} 是定义的空间权重矩阵，体现了区域单元的空间关系，对于空间权重指标的构建主要基于邻接性和距离两类特征，空间邻接关系可以通过二进制邻接或阈值邻接定义权重矩阵，空间距离指标选择空间对象间的距离定义权重矩阵，在分析中分别对几种权重矩阵进行了检验，发现以反距离平方值定义的空间权重矩阵是比较显著的，故采用其进行实证分析，反距离平方值空间权重矩阵第 i 行第 j 列元素 w_{ij} 定义为：

$$w_{ij} = \begin{cases} 1/d_{ij}^2 & i \neq j \\ 0 & i = j \end{cases} \qquad (5-12)$$

式中，d_{ij} 代表了 i 地区和 j 地区之间的空间距离，空间距离采用 Manhattan 距离测度。

在空间无集聚关系的原假设下，General G 的期望值为：

$$E(G) = \frac{\sum\sum w_{ij}}{n(n-1)} \qquad (5-13)$$

式（5-13）中 $E(G)$ 反映了随机分布下的 General G 统计值，是判断高值集聚或低值集聚的标准，同时还要对集聚的统计显著性进行检验，对 General G 的统计检验采用下式：

$$Z = \frac{G - E(G)}{\sqrt{Var(G)}} \qquad (5-14)$$

当 General G 值高于 E（G），且 Z 值显著时，观测值之间呈现高值集聚。当 General G 值低于 E（G），且 Z 值显著时，观测值之间呈现低值集聚。当 General G 趋近于 $E(G)$ 时，观测值在空间上随机分布。

全局空间自相关统计量建立在空间平稳性这一假设基础之上，即所有位置上的观测值的期望值和方差是常数。然而，空间过程很可能是不平稳的，特别是当数据量非常庞大时，空间平稳性的假设就变得非常不现实①，而局部空间自相关统计量可以用来识别不同空间位置上可能存在的不同空间集聚模式，从而允许发现数据之间的空间异质性，为分类或区划提供依据，Getis 和 Ord（1992）② 提出了度量每一个观测值与周围邻居之间是否存在局部空间关联的 G_i 统计量。该统计量是某一给定距离范围内邻居位置上的观测值之和与所有位置上的观测值之和的比值，能够用来识别单元 i 和周围邻居之间是高值还是低值的集聚，其计算公式为：

$$G_i = \sum_j^n w_{ij} x_j \bigg/ \sum_j^n x_j \quad (i \neq j) \tag{5-15}$$

则 G_i 与 G 之间的关系为：

$$G = \frac{(n-1)\sum_i^n \sum_j^n w_{ij}(x_i - x_j)^2}{2nS^2 \sum_i^n \sum_j^n w_{ij}} = \frac{(n-1)\sum_i^n \sum_j^n w_{ij}(x_i - x_j)^2}{2n^2} = \frac{(n-1)}{2n^2}\sum_i^n G_i \tag{5-16}$$

G_i 的统计检验采用下式：

$$Z(G_i) = \frac{G_i - E(G_i)}{\sqrt{VAR(G_i)}} \tag{5-17}$$

Z 值显著为正表示在该区域单元的周围高观测值区域单元趋于空间集聚，而显著的负值表示低观测值的区域单元趋于空间集聚，具有能够探测出区域单元属于高值集聚还是低值集聚的空间分布模式。

（二）西北地区产业与城市人口全局空间集聚度相关分析

产业集聚代表了产业在空间上的集中，是企业寻求成本下降和外部溢出的自然选择，布局在城市中的第二、第三产业对自然空间

---

① Anselin L., "Local Indicators of Spatial Association—LISA", *Geographical Analysis*, Vol. 27, No. 2, 1995.

② Getis A. and Ord J. K., "The Analysis of Spatial Association by Use of Distance Statistics", *Geographical Analysis*, Vol. 24, No. 3, 1992.

的依附程度更低，其在空间上发生转移的概率更高，对于西北地区来说亦是如此。利用式（5-11）对西北地区第二、第三产业全局空间集聚程度进行了测度，空间内部单元划分为西北51个地区，数据采用了2005—2012年西北地区51个地区的第二、第三产业产值数量，所有计算通过Arcgis 10.0软件完成。计算结果如表5-7所示，2005—2012年西北地区第二、第三产业的General G统计值均高于地理随机分布下的期望值E（G），同时除去2006—2008年，各年General G统计值的标准化Z值均在10%的水平下显著，2006—2008年虽然Z值显著性较弱，但其与10%的显著水平偏离程度很小，可以视作具有显著的统计意义，说明2005—2012年西北地区第二、第三产业存在高值集聚现象，产业在空间地理上存在向局部集中的趋势。

产业的集聚意味着经济要素相对应的地理集中，势必会带来人口的空间流动和集聚，利用式（5-16）对西北地区城市人口全局空间集聚程度进行测度，数据采用了2005—2012年西北地区51个地区的城市人口数量。计算结果如表5-7所示，2005—2012年西北地区城市人口的General G统计值均大幅高于地理随机分布下的期望值E（G），同时各年General G计值的标准化Z值均在1%的水平下显著，说明2005—2012年西北地区城市人口存在明显的高值集聚，城市人口在空间地理上也存在着向局部集中的趋势。

从2005—2012年西北地区产业集聚和城市人口集聚程度的演化趋势来看，二者的General G统计值均呈现先下降后上升的"U"形变化趋势，且基本保持同步，西北地区第二、第三产业规模的General G统计值2005—2008年呈现下降趋势，并在2008年达到最小值，其后在2009—2012年呈上升趋势，并在2012年达到最大值，说明2005—2012年西北地区第二、第三产业在保持高值集聚的基本状态下，经历了产业扩散到产业进一步集聚的过程。同时，西北地区城市人口的General G统计值也体现出相应的趋势，特别需要说明的一点是由于2005年起全国范围内开始转变人口统计指标，西北各地区统计转变可能滞后于全国，2005 年西北地区城市人口的 General G 统计值较其他年份异动较大，在分析时暂时将其排除在外，2006—2012 年西北地区城市人口的 General G 统计值也基本呈现了先下降后上升的"U"形变化趋势，2006—2009 年西北地区城市人口的 General G 统计值呈现下降，并于 2009 年达到极小值，2010—2012 年 General G 统计值出现了上升趋势，并于 2012 年达到极大值，说明 2006—2012 年西北地区城市人口在保持高值集聚的基本状态下，也同样经历了人口由扩散到进一步集聚的过程。二者变化的时间和状态的高度协同性说明，西北地区第二、第三产业集聚对于城市人口集聚的推动是明显存在的，并且从目前的发展态势来看，在未来产业集聚程度不断增强的同时将继续推动城市人口的进一步空间集聚。

表 5－7　2005—2012 年西北地区全局产业集聚与人口集聚演变

年份	产业集聚指数				人口集聚指数			
	G	E（G）	Z	P	G	E（G）	Z	P
2005	0.0496	0.0335	1.7640	0.0777	0.1329	0.0335	5.5459	0.0000
2006	0.0478	0.0335	1.6224	0.1047	0.2113	0.0335	8.1426	0.0000
2007	0.0476	0.0335	1.5836	0.1133	0.2114	0.0335	8.1079	0.0000
2008	0.0474	0.0335	1.5366	0.1244	0.2104	0.0335	8.0658	0.0000
2009	0.0497	0.0335	1.7548	0.0793	0.2077	0.0335	8.2558	0.0000
2010	0.0505	0.0335	1.8164	0.0693	0.2102	0.0335	8.5345	0.0000
2011	0.0517	0.0335	1.9507	0.0511	0.2160	0.0335	8.6405	0.0000
2012	0.0546	0.0335	2.1063	0.0352	0.2161	0.0335	8.7473	0.0000

（三）西北地区产业集聚空间演变中的城市人口空间集聚时空分异

全局空间集聚的统计测度只能反映整体的集聚状态和趋势，而集聚的实质是空间局部的集中，需准确描述产业或人口在空间内部中向哪些单元集中，这是全局集聚统计所无法反映的，需通过空间局部集聚统计来进行测度，可通过 G_i 指数对空间内部单元 i 与其周边单元间的关系进行测度，并通过其标准化 Z 值判断空间内部单元 i 周围是否存在产业和人口的集聚。利用 G_i 指数及其标准化 Z 值对西北地区 2005 年和 2012 年的产业与城市人口集聚的空间内部演变进行分析，其内部单元划分仍为 51 个地区。

首先利用式（5-15）对西北 51 个地区 2005 年和 2012 年的产业局部集聚指数 G_i 指数进行了计算，通过式（5-17）测算了其标准化 Z 值，并按照 G_i 指数的标准化 Z 值将其进行了分类，其具体分类为：①标准化 Z 值大于 2.58，说明标准化 Z 值为正且在 1% 的水平下显著，则研究对象在该单元周围呈现高度显著的高值集聚，该点为超热点；②标准化 Z 值在 1.96—2.58，说明标准化 Z 值为正且在 5% 的水平下显著，则研究对象在该单元周围呈现显著的高值集聚，该点为热点；③标准化 Z 值在 1.65—1.96，说明标准化 Z 值为正且在 10% 的水平下显著，则研究对象在该单元周围呈现较为显著的高值集聚，该点为次热点；④标准化 Z 值小于 -2.58，说明标准化 Z 值为负且在 1% 的水平下显著，则研究对象在该单元周围呈现高度显著的低值集聚，该点为超冷点；⑤标准化 Z 值在 -2.58—-1.96，说明标准化 Z 值为负且在 5% 的水平下显著，则研究对象在该单元周围呈现显著的低值集聚，该点为冷点；⑥标准化 Z 值在 -1.96—-1.65，说明标准化 Z 值为负且在 10% 的水平下显著，则研究对象在该单元周围呈现较为显著的低值集聚，该点为次冷点；⑦标准化 Z 值在 -1.65—-1.65，说明标准化 Z 值是不显著的，则研究对象在该单元周围呈现为随机分布，不存在高值或低值集聚。统计分析显示 2005 年西北大部分地区周围呈现出第二、第三产业的随机分布，有 7 个地区周围呈现高值集聚，其中超热点地区有 5 个，热点地区有 2 个，至 2012 年其基本状态未发生明显变化，周边高值集聚地区增加为 8 个，其中超热点地区下降为 2 个，热点地区增加为 6 个，超热点地区数量的下降和热点地区数量的增加现象说明产业在地理集聚的同时，也存在外溢现象，超热点周边地区的集聚程度在不断提升，热点区域呈现扩大化趋势。

利用同样的方法对西北 51 个地区 2005 年和 2012 年的城市人口局部集聚指数 G_i 指数及其标准化 Z 值进行了计算，数据显示，2005 年西北大部分地区周围呈现城市人口的随机分布，有 11 个地区周围呈现高值集聚，其中超热点地区有 10 个，热点地区有 1 个，至 2012 年周边高值集聚地区仍为 11 个，其中超热点地区下降为 9 个，热点地区仍为 1 个，新增次热点地区 1 个，热点地区数量虽未变化，但其结构中超热点减少而次热点增加说明人口在空间集聚的同时也存在空间外溢。

从 2005 年和 2012 年西北地区第二、第三产业和城市人口的空间局部集聚演变分析中可以看到，产业集聚与城市人口集聚呈现出高度的地理耦合，产业和人口的热点区域均分布于陕西部分地区及其周边地区，同时从其演变中可以看出第二、第三产业空间外溢和热点区域扩张的同时，城市人口热点区域虽未增加但其存在空间外溢，这两方面均再次印证了产业集聚对城市人口集聚推动作用，说明第二、第三产业集聚是城市人口集聚的直接原因。同时结合上一章研究结果，发现第二、第三产业和城市人口的热点区域，也是城市人口规模较大和人口规模增长较快的大城市密集区，说明人口规模大城市密集区的形成很大程度上依赖于产业集聚，产业集聚推动城市人口集聚使其城市规模进一步增长。

二　西北地区产业结构演变下的城市体系变动

城市是现代产业发展的承载体，不断为各种产业发展提供要素供给和市场需求，同时为各种产业发展带来了集聚性和外部性，产业的不断深化分工或转移扩散，导致以第二、第三产业为主的现代产业体系是在多个城市组成的城市体系中落脚的，产业为城市发展带来了经济动力和要素集聚，城市的规模扩张很大程度上依赖于产业发展，产业结构的不断深化导致新兴产业的诞生和传统产业的转移，会引致经济要素在城市体系间的流动，进而引发城市体系结构的变动。对于西北地区整体的产业和城市人口集聚可以通过空间统计方法得以体现，但其只能反映产业规模集聚对人口集聚的影响，对于产业结构演变中的城市人口空间规模分布并不能做出解答，可以通过产业结构变动对城市体系的影响对其进行研究。

（一）产业结构演变与城市体系变动

产业结构和城市体系结构相互关系是学术界研究的重要内容。Carter（1988）[①] 从创新的角度研究了城市系统与产业结构变动的关系，他认为城市为区域内的各种创新活动提供了便利条件，创新活动一方面促进人口、企业等进一步向城市集聚，促成了产业结构的变迁，另一方面在其城市系统中的梯度转移或扩散促进了区域间产业的区域转移，带动了城市体系发展；LeGates 和 Stout（1996）[②] 的研究则主要着眼于二者变化间的联系，认为城市化的特征与工业发展的前工业、工业和后工业三个阶段密切相关，三个阶段的产业结构是逐步变化的，城市体系结构也表现出不同的规模特征、空间形态和联系的密切程度。国内该方面的研究相对较晚，但也从不同角度阐述了二者间的关系。杨小凯和张永生（1999）[③] 认为，产业分工的深化是城市体系产生的内在动因，市场会自发形成分层的城市结构和合理的城市规模；刘艳军（2011）[④] 认为，伴随着经济发展以及产业结构的优化升级，城市从单一的城市形态逐渐向城市群体空间形态演化，从都市区到城市整合体，城市群体形态不断发展演化，并最终向区域空间功能一体化形态演化；周彬学等（2012）[⑤] 通过对城市体系演变过程的研究发现，随着城市体系的不断完善，产业空间布局层次化逐步分明，中心城市的第三产业比重不断提升，与

---

① Carter R. A., "Innovation in Urban Systems: The Interrelationships between Urban and National Economic Development", *The Annals of Regional Science*, Vol. 22, No. 3, 1988.
② LeGates R. and Stout F., *The City Reader*, London & New York: Routledge, 1996.
③ 杨小凯、张永生：《新兴古典发展经济学导论》，《经济研究》1999 年第 7 期。
④ 刘艳军：《区域产业结构演变城市化响应形态的演化规律》，《人文地理》2011 年第 3 期。
⑤ 周彬学、戴特奇、梁进社等：《基于分形的城市体系经济规模等级演变研究》，《地理科学》2012 年第 2 期。

以第二产业为主导的中小城市形成有机整体,其他学者也从不同的角度对城市体系结构和产业结构进行了研究。综合上述观点,学术界对于产业结构演变对于城市体系演变的影响已经形成了共识,但是研究中多以定性分析为主,未能对其影响进行准确把握。

区域城市体系三大结构中的职能结构和空间结构一般在区域中保持稳定,常用其规模结构变动来反映城市体系的变动。基于西北五省区产业结构演变及城市体系规模结构演变的历史数据,将对二者间的关系进行分析。由于现代城市发展主要依赖于第二、第三产业的增长,所以将第二、第三产业产值比重之和(IS)作为产业结构演变的指标,以图4-10中计算的西北五省区城市体系位序规模指数(α)反映城市体系规模结构的演变。基于2005—2012年西北五省区产业结构演变数据和城市体系规模结构演变的时间序列,利用EG两步法进行协整检验,确定二变量间的关系,并在此基础上得出包括误差修正项在内的面板误差修正模型,观察二者间长期均衡的关系,考察相互动态作用关系。分析时首先对两个变量进行对数化处理以消除异方差性,分别记为 $\ln IS$ 和 $\ln \alpha$。

(二) 实证分析

1. 面板单位根检验

首先,对相关面板数据进行了单位根检验以判断其平稳性,检验结果如表5-8所示,$\ln \alpha_{it}$ 和 $\ln IS_{it}$ 面板数据水平值在大部分检验方法下均在1%的显著水平下拒绝原假设,个别检验方法下也在10%或5%的显著性水平下拒绝原假设,则面板数据为平稳数据,符合协整检验的要求。

2. 面板EG协整检验

Engle 和 Granger (1987)[①] 提出了协整关系的 EG 两步检验法,协整理论认为当经济变量间存在协整关系时,经济变量间存在线性

[①] Engle R. F. and Granger C. W. J., "Co-integration and Error Correction: Representation, Estimation, and Testing", *Econometrica: Journal of the Econometric Society*, Vol. 55, No. 2, 1987.

关系，其不能被线性关系解释的部分构成的残差序列应当是平稳的。以 $\ln\alpha_{it}$ 为因变量、$\ln IS_{it}$ 为自变量对 2005—2012 年的西北五省区相关数据进行面板 OLS 回归，并对其残差序列进行协整检验，如表 5-9 所示，残差序列在三种检验方法下均在 1% 的显著水平下拒绝原假设，则其为平稳序列，同时也说明西北地区产业结构演变和城市体系变动间存在协整关系。

表 5-8　　　　　　　　　　水平值面板单位根检验

检验方法	$\ln\alpha$		$\ln IS$	
	C	C, T	C	C, T
LLC	-7.87 (0.00)	-9.56 (0.00)	-9.75 (0.00)	-8.68 (0.00)
IPS	-3.43 (0.00)	-1.32 (0.09)	-4.33 (0.00)	-1.25 (0.09)
ADF - Fisher	33.81 (0.00)	26.25 (0.00)	40.49 (0.00)	24.83 (0.01)
PP - Fisher	59.38 (0.00)	51.86 (0.00)	63.14 (0.00)	44.12 (0.00)

注：检验有两种形式，一种只包含截距项，用（C）来表示，另一种除了截距项还包括趋势项，用（C, T）表示，括弧中数字表示 P 值，滞后项由 SC 准则判定。

表 5-9　　　　　　　　　　残差单位根检验

检验方法	统计值	P 值	检验方法	统计值	P 值
LLC	-10.12	0.00	PP - Fisher	66.57	0.00
ADF - Fisher	66.59	0.00			

注：滞后项由 SC 准则判定，检验形式既不包含截距项也不包含趋势项。

3. 面板误差修正模型

在协整检验的基础上，还要建立包括误差修正项在内的误差修正模型，误差修正模型描述了短期动态和长期调整状态。以 $\ln\alpha_{it}$ 的一阶差分项 $\Delta\ln\alpha_{it}$ 为因变量建立误差修正模型如下：

$$\Delta\ln\alpha_{it} = 0.0018 + 0.0591\Delta\ln IS_{it} - 0.7390 ECM_{i,t-1}$$

$$(0.5168) \quad (3.4200) \quad (-12.1712) \quad\quad (5-18)$$

$$R^2 = 0.8225 \quad F = 74.1624$$

式中，$\Delta \ln IS_{it}$ 为 $\ln IS_{it}$ 的一阶差分项，$ECM_{i,t-1}$ 为误差修正项，截距项和自变量系数均在 1% 的显著水平下通过 t 检验，同时回归方程拟合程度良好，且通过 1% 显著水平下的 F 检验，说明回归方程显著性较强。通过误差修正模型来看，误差修正项系数为 -0.739，表明当短期波动偏离长期均衡时，以 0.739 的力度进行纠偏，使之趋于长期均衡，变量间存在长期均衡关系。

(三) 西北五省区产业结构演变对城市体系的影响分析

西北五省区产业结构演变与城市体系变动的面板误差修正模型中自变量系数为 0.0591，则说明产业结构中第二、第三产业产值比重提高 1%，西北地区省域城市体系位序规模指数将提升 0.0591%，西北地区产业结构的高级化演变推动了城市体系位序规模指数的提升，而位序规模指数的提升意味着城市体系存在规模向高位序城市集中的趋向，从之前的城市体系规模演变分析中可以看到，西北地区及五省区位序规模指数的提升主要依赖于非省域首位城市之外的大城市规模扩张，也就是说产业结构演变推动城市体系位序规模指数提升，主要体现为非首位城市的大城市规模快速增长，而对于中小城市和首位城市规模扩张的作用并不明显。

产业结构的高级化意味着经济要素更多地流向了第二、第三产业，城市作为第二、第三产业的主要承载体，产业结构的高级化势必会带来城市规模的扩张。西北地区产业结构演变中城市体系位序规模指数提升说明各级城市在产业结构高级化的同时其规模扩张并不一致，西北五省区首位城市均为省会城市，发展中资源的集中导致规模普遍较大，人口和产业分布较为密集，其产业集聚成本较高，有逐步扩散的趋向，存在经济要素的溢出，而中小城市普遍规模较小，配套基础设施不完善，甚至有些城市人口不能满足产业发展的门槛人数，其集聚经济性较差，经济吸引力不强，造成西北地区产业结构的高级化演变，促使其要素不断地向规模较大的城市集聚，大城市的极化效应在各级城市中较为明显，同时产业结构不断提高会促使经济要素进一步向大城市集中，大城市规模会进一步凸显，大城市和小城市间规模差异将继续扩大，区域城市体系位序规模指数会进一步提高，整体城市体系等级规模结构继续呈现首位城市、中小城市规模发展缓慢和大城市规模快速增长的状况，而且伴随着未来产业结构的进一步提升，这种状态有延续的态势。

本章小结

产业变迁是城市化发展的重要动力，本章以产业变迁视角对西北地区的城市化发展进行了研究，研究以产业就业和空间两个层次展开。通过产业就业分析了其对西北地区城市化发展状况的影响，发现产业就业相偏离是西北地区城市化水平滞后的主要原因，并从产业内部就业弹性及产业就业外部环境分析了西北地区产业就业偏离的原因；通过空间视角分析了产业集聚与城市人口集聚的关联，发现伴随着产业集聚程度的提高，城市人口集聚程度也在不断加深，且二者存在明显的地理耦合，产业集聚推动了城市人口的集聚；通过产业结构演变对西北地区省域城市体系的影响进行分析，发现西北地区产业结构的高级化推动了城市体系规模结构的高位序集中度，对大城市的规模扩张作用明显，同时伴随着未来产业结构的高级化演变，城市间规模差异将进一步拉大。

第六章　西北地区城市化发展对产业变迁的回馈分析

产业变迁对城市化发展有着重要的推动作用，通过产业结构转变、产业就业和产业集聚不断对城市发展产生影响，而城市化发展通过其对要素的集中从而实现规模和集聚效应，对产业注入要素、市场、创新等发展动力，同时城市化发展还通过对金融、教育、制度等途径对产业转型升级起到促进作用。产业变迁推动了城市化发展，而城市化发展又通过多种途径对产业变迁进行了回馈，单纯从产业角度观察城市化发展是不足的。本章以反向视阈，分别研究了西北地区城市化发展中对产业结构演变和产业转型升级的回馈效应。

第一节　西北地区城市化发展中的产业结构演变

产业结构演变受到经济、社会以及科技水平等多方面的影响，从发达国家的发展经验来看，新兴产业浪潮的出现是经济社会综合发展的产物，而城市化进程作为推动经济社会发展的重要动力，其势必对产业结构演变产生较大的影响，尤其是对第二、第三产业而言其影响更为重要，直观地来看城市人口规模扩张为第二、第三产业发展提供了劳动供给和市场需求，同时经济要素的集聚将极大提升经济活动的外部性，促使科技进步和信息交流，为产业发展注入了活力，进而加速产业发展进程。

一 西北地区城市化发展对产业结构演变影响程度的时空分异

关于城市化发展进程中对产业结构演变影响的研究成果是比较丰硕的。Henderson（2000）[1]认为，城市化进程中的人口集聚，可以提高第二、第三产业间的信息交流效率，从而推动产业发展；Carter（1988）[2]通过研究发现城市由于其规模性为各种创新活动提供了平台，成为创新集聚的高发地，一方面通过创新不断提升产业发展的能力，另一方面通过中心城市为纽带的创新外溢，可以促使产业在低等级城市中转移，促进这些城市的产业变迁；Dumais（2002）[3]则认为，城市中的知识外溢深化了产业分工，催生出更多的新企业，而这些新企业在很大程度上引致了产业变迁。国内学者通过实证也对其进行了深入的研究，干春晖和余典范（2003）[4]认为，中国产业结构的调整必须依赖于城市化进程，落后的城市化进程直接制约了中国产业结构的转变，健康的城市化进程是产业转型升级的重要保证；张魁伟（2004）[5]通过研究后发现产业结构演变与城市化是相伴生的，产业结构演变对于城市化有着重要推动作用，同时城市作为产业发展的载体，通过要素供给和市场需求对产业发展有着重要影响；陈昌兵等（2009）[6]的研究认为，城市化通过集聚效应对于第二、第三产业竞争力起到了正向促进，同时集聚所产生的拥挤成本导致产业成本提升，促使落后产业革新或转移，

---

[1] Henderson J. V., "The Effects of Urban Concentration on Economic Growth", *National bureau of Economic Research*, 2000.

[2] Carter R. A., "Innovation in Urban Systems: The Interrelationships between Urban and National Economic Development", *The Annals of Regional Science*, Vol. 22, No. 3, 1988.

[3] Dumais G. and Ellison G. and Glaeser E. L., "Geographic Concentration as a Dynamic process", *Review of Economics and Statistics*, Vol. 84, No. 2, 2002.

[4] 干春晖、余典范：《城市化与产业结构的战略性调整和升级》，《上海财经大学学报》2003年第4期。

[5] 张魁伟：《产业结构与城市化、区域经济的协调发展》，《经济学家》2004年第4期。

[6] 陈昌兵、张平、刘霞辉等：《城市化、产业效率与经济增长》，《经济研究》2009年第10期。

促进了产业结构演变。综合以上分析,学者们认为产业结构演变在很大程度上取决于城市化进程,产业结构演变必须以城市化进程为重要依托,产业结构演变在不断推动城市化发展的同时,城市化发展对产业结构演变有着重要的影响,其通过要素供给、市场扩容、知识外溢、集聚效应等多种途径对产业结构演变起到了推动作用。虽然上述研究中关于城市化发展对产业结构演变的影响已经达成共识,但是缺乏关于城市化进程对产业结构演变作用程度的具体分析和对城市化发展中产业结构演变是否协同响应的判断。

对于城市发展中对产业结构演变推动程度的测算借鉴了刘艳军等(2010)[①] 提出的产业结构演变的城市化响应系数来反映,其用于反映区域城市化对产业结构演变的影响程度,具体计算公式如下:

$$R = \frac{P_u}{P} \bigg/ \frac{IS_{2,3}}{IS} \quad (6-1)$$

式中,R 代表产业结构演变的城市化响应系数,P_u 代表区域城市人口,P 代表区域总人口,$IS_{2,3}$ 代表区域第二、第三产业产值之和,IS 代表区域三次产业总产值,R 反映了区域城市人口比重与城市产业比重之比。R 值越大,说明城市化进程处于加速阶段,而此时区域中包含人口在内的经济要素不断向城市集聚,带来了规模和集聚经济,将极大地提高城市产业的比较成本收益,从而对产业结构演变的推动力不断增强;R 值越小,说明城市化进程的缓慢推进将使经济要素集聚发生变得迟缓,城市的规模和集聚经济效应难以得到有效发挥,从而对产业结构演变的推动力不断减弱。一般认为 R 值大于 1,则城市化发展对产业结构演变的作用是较强的;R 值小于 1,则城市化发展对产业结构演变的作用是较弱的。

利用式(6-1)对 2005 年和 2012 年西北 51 个地区的产业结构演变的城市化响应系数进行了测算,测算结果显示,2005 年和

---

① 刘艳军、李诚固、王颖:《中国产业结构演变城市化响应强度的省际差异》,《地理研究》2010 年第 7 期。

2012年西北51个地区的产业结构演变的城市化响应系数均小于1，说明城市的规模和集聚经济效应没有得到有效发挥，整体城市化发展对于产业结构演变的推动力是较弱的，但是从2005—2012年的动态变化来看，各地区响应系数均有所上升，说明伴随着城市化进程的加速，其对产业结构演变的推动力是逐年增强的。

从西北地区产业结构演变的城市化响应系数的内部分布来看，存在空间连接的块状分布特征，高响应程度地区和低响应程度地区分布有集中的现象，这是由于城市化对产业结构演变的影响很大程度上依赖于经济要素的空间流动，同时其作用发挥依托于集聚效应和外溢效应，势必在空间中相邻或相近的区域产生相互影响，并且在之前产业及城市人口的空间统计分析中发现二者自身分布存在明显的空间集聚（见表5-7），那么可以判断城市化发展对产业结构演变的影响程度也存在空间相关性，在存在空间相关性的前提下，以地区内部封闭视角进行研究是不足的，需要加入空间中的相互影响对其进行分析，利用空间计量方法进行西北地区城市化发展对产业结构演变影响的研究是适宜的。

二 西北地区城市化发展对产业结构演变影响效应的空间计量模型构建

（一）空间相关性检验

利用空间计量模型分析经济现象的前提条件是研究对象存在空间自相关性，空间自相关性是指具有地理联系的区域间经济现象具有相互影响的机制，所以首先应对研究对象进行空间自相关性检验，一般采用Moran's I指数检验空间自相关性[①]，计算如下：

$$\text{Moran's I} = \frac{\sum_{i=1}^{n}\sum_{j=1}^{n}W_{ij}(Y_i - \bar{Y})(Y_j - \bar{Y})}{S^2 \sum_{i=1}^{n}\sum_{j=1}^{n}W_{ij}} \quad (6-2)$$

---

① Moran P. A. P., "Notes on Continuous Stochastic Phenomena", *Biometrika*, Vol. 37, No. 1, 1950.

式中，Y 代表观测变量，$S^2 = \frac{1}{n} \sum_{j=1}^{n} (Y_i - \bar{Y})$，$\bar{Y} = \frac{1}{n} \sum_{i=1}^{n} Y_i$，$W$ 代表空间权重矩阵，其权重大小反映区域之间的空间影响程度。Moran's I 取值范围在 [-1, 1] 内，其值为正说明在整体区域内观测变量具有正的空间自相关性，体现为空间依赖性；其值为负说明在整体区域内观测变量具有负的空间自相关性，体现为空间异质性；如果为零，则说明不存在空间自相关性，观测变量呈现随机分布。对于空间自相关性的显著性可依靠构建标准化统计量（Z值）来进行判定，其计算公式如下：

$$Z = \frac{I - E(I)}{\sqrt{VAR(I)}} \tag{6-3}$$

如观测变量 Moran's I 指数的 Z 值大于正态分布函数的临界值，则说明存在显著的空间自相关性。

进一步可以利用空间局部关联统计研究区域内部单元的空间相关性，相应地可以计算局部 Moran's I 值，每一个观测值 i 的局部 Moran's I_i 统计量的定义如下：

$$\text{Moran's } I_i = \sum w_{ij} Z_i Z_j \tag{6-4}$$

式中，Z_i 和 Z_j 是观测值的均值标准化，即：

$$S^2 = \frac{1}{n} \sum_{i}^{n} Z_i^2 = 1 \tag{6-5}$$

相应的可以通过计算 Moran's I_i 的标准化 Z 值对其显著性进行检验，若显著性水平较高，则表明位置 i 周围邻居的观测值相对较高。若显著性水平较低则表明位置 i 周围的观测值相对较低，具体分布可以通过局部空间自相关分析图（LISA）进行观察。

（二）空间杜宾面板模型

Fisher（1971）[1] 率先提出空间计量经济学之后，大量的学者不断地进行深入研究，空间计量经济学得到了蓬勃发展，其应用范围

---

[1] Fisher W. D., "Econometric Estimation with Spatial Dependence", *Regional and Urban Economics*, Vol., No. 1, 1971.

也逐渐扩展。空间计量模型最早针对截面数据分析提出,一般包括空间滞后模型(Spatial Lag Model,SLM)、空间误差模型(Spatial Error Model,SEM)和空间杜宾模型(Spatial Durbin Model,SDM)[①],其中 SDM 模型是讨论空间回归模型的一般起点,LeSage(2005)[②] 将 SDM 模型延展到面板数据模型,其表达式为:

$$Y_t = \rho W Y_t + \alpha_t \iota_N + X_t \beta + W X_t \theta + \varepsilon \qquad (6-6)$$

式中,Y_t 为因变量向量,X_t 为解释变量向量,W 为空间权重矩阵,α_t 为常数项,ρ 为空间自回归系数,β、θ 为待估参数,ε 为残差项,$X_t\beta$ 为区域解释变量对因变量的影响,$\rho W Y_t$ 为空间滞后项,反映其他区域因变量对区域因变量的空间影响,$W X_t \theta$ 反映其他区域解释变量对区域因变量的空间影响。

如果 $\theta = 0$,则式(6-6)转换为:

$$Y_t = \rho W Y_t + \alpha_t \iota_N + X_t \beta + \varepsilon \qquad (6-7)$$

此时 SDM 模型简化为 SLM 模型,SLM 模型将不包括解释变量的空间交互影响,只包含区域间因变量间的交互影响,反映其他区域因变量对区域因变量的空间影响。

如果 $\theta + \rho\beta = 0$,则式(6-6)转换为:

$$Y_t = X_t \beta + \varepsilon, \quad \varepsilon = \lambda W \varepsilon + u \qquad (6-8)$$

此时 SDM 模型简化为 SEM 模型,SEM 模型认为,空间影响存在于扰动项误差中,其反映了其他区域解释变量变动对因变量的误差冲击对区域因变量的空间影响。

在进行空间模型估计时,由于存在滞后项,模型内生性将导致最小二乘法(OLS)估计的参数是有偏的或是无效的,一般利用极大似然法(ML)对 SDM 模型进行估计,然后利用瓦尔德(Wald)检验和似然比(LR)检验 SDM 模型能否简化为 SLM 模型或 SEM

---

① Anselin L., *Spatial Econometrics: Methods and Models*, Dordrecht, Netherlands: Kluwer, 1988.

② LeSage J. P., "Spatial Econometrics", *Encyclopedia of Social Measurement*, No. 3, 2005.

模型，如检验中接受原假设，则转为 SLM 或 SEM 模型估计，如均拒绝原假设，则继续利用 SDM 模型估计。

考虑到面板数据兼具空间和时间的特点，可以将 SDM 模型误差项进行分解，得到：

$$Y_t = \rho W Y_t + \alpha_t \iota_N + X_t \beta + W X_t \theta + u_n + u_t + \varepsilon \tag{6-9}$$

式中，u_n 代表空间固定效应，u_t 代表时间固定效应，当二者不存在时为随机效应，分析中可以利用 Hausman 检验方法对随机效应进行检验，但是 Elhorst（2010）认为，空间计量分析中选取的区域一般有整体性，视为固定抽样，所以固定效应模型更为适合[①]。

对于解释变量影响的测度，根据 SDM 模型估计的参数测度其影响程度是不准确的，LeSage 和 Pace（2009）认为，利用偏微分的方式更为有效[②]，将式（6-9）转换为一般形式为：

$$Y_t = (I-\rho W)^{-1} \alpha_t \iota_N + (I-\rho W)^{-1}(X_t \beta + W X \theta) + (I-\rho W)^{-1} \varepsilon \tag{6-10}$$

因变量关于第 k 个解释变量的偏微分方程矩阵如下：

$$\left[\frac{\partial Y}{\partial X_{1K}} \cdots \frac{\partial Y}{\partial X_{NK}}\right]_t = \begin{bmatrix} \frac{\partial Y_1}{\partial X_{1K}} & \cdot & \frac{\partial Y_1}{\partial X_{NK}} \\ \cdot & \cdot & \cdot \\ \frac{\partial Y_N}{\partial X_{1K}} & \cdot & \frac{\partial Y_N}{\partial X_{NK}} \end{bmatrix} =$$

$$(1-\rho W)^{-1} \begin{bmatrix} \beta_K & W_{12}\theta_K & \cdot & W_{1N}\theta_K \\ W_{21}\theta_K & \beta_K & \cdot & W_{2N}\theta_K \\ \cdot & \cdot & \cdot & \cdot \\ W_{N1}\theta_K & W_{N2}\theta_K & \cdot & \beta_K \end{bmatrix} \tag{6-11}$$

[①] Elhorst J. P., "Applied Spatial Econometrics: Raising the Bar", *Spatial Economic Analysis*, Vol. 5, No. 1, 2010.

[②] LeSage J. P. and Pace R. K., *Introduction to Spatial Econometrics*, Boca Raton, US: CRC Press/Taylor & Francis, 2009.

其中对角线元素的平均值为直接效应，反映区域解释变量对解释变量的影响；非对角线元素的平均值为间接效应，反映其他区域解释变量对解释变量的影响。

（三）指标选择与模型构建

以 2005—2012 年西北地区城市化发展对产业结构演变的影响程度作为研究对象，将 51 个地区的 R 值作为因变量，同时设定以下变量为空间响应路径：

（1）经济发展水平（GDP）。经济发展水平是决定城市化发展和产业结构演变的决定性因素，同时二者也对经济发展起推动作用，三者间存在交互影响，以人均 GDP 反映区域经济发展水平。

（2）区域开发强度（FI）。城市化发展意味着包含人口在内的经济要素在城市集中，而经济要素的集聚是否能引致产业结构演变，很大程度上取决于城市承载环境，通过区域开发可以提升和改善城市承载环境，进而提升产业结构演变能力，以人均固定资投资额度反映区域开发强度。

（3）区域开放程度（OPEN）。产业结构演变不仅依赖于区域内部要素集聚和经济发展，同时还要依靠区域外部的资金、技术及市场，依托外部资源有效地对产业结构演变进行推动取决于区域自身的开放程度。以人均进出口额度反映区域开放程度。

（4）产业集聚水平（IA）。产业集聚对产业结构演变有着重要的影响，城市化发展中的经济要素集聚在一定程度上为产业集聚提供了条件，产业集聚满足了产业结构演变的要素需求，同时要素集聚带来的经济外部性对产业结构演变起着进一步的推动作用。以各区域产业规模集聚指数（G_i）反映区域产业集聚水平。

根据式（6-9），则西北地区城市化发展中产业结构演变响应的空间杜宾模型为：

$$R_{it} = \rho W R_{it} + \alpha_t \iota_N + GDP_{it}\beta_1 + WGDP_{it}\theta_1 + FI_{it}\beta_2 + WFI_{it}\theta_2 + OPEN_{it}\beta_3 + WOPEN_{it}\theta_3 + IA_{it}\beta_4 + WIA_{it}\theta_4 + u_n + u_t + \varepsilon$$

(6-12)

为了完整地体现各地区间的空间交互效应，空间权重矩阵未采用常用的空间邻接权重矩阵，而采用空间反距离权重矩阵，其形式为：

$$w_{ij} = \begin{cases} 1/d_{ij}, & i \neq j; \\ 0, & i = j \end{cases} \qquad (6-13)$$

其中，d_{ij} 为西北各地区间距离，是以区域质心经纬度确定的空间距离，单位为公里数。空间反距离权重矩阵中地区间空间距离越大，其权重越小，代表地区间的影响程度随着空间距离的拉大而不断衰减，在空间自相关检验中也采用空间反距离权重矩阵，在空间计量分析中首先以行标准化的方式对空间反距离权重矩阵进行处理，即每行相加为 1。

以西北 51 个地区作为地理单元进行了分析，研究时期为 2005—2012 年，除宁夏各地区相关数据来源于《中国城市统计年鉴（2006—2012）》，其余四省区的地区数据均来源于 2006—2012 年各省区统计年鉴，其中新疆喀什地区 2008 年以前的缺失数据利用插值法进行了补充。

三 西北地区城市化发展对产业结构演变影响效应的空间计量分析

（一）空间相关性检验

空间相关性的存在是空间计量分析的前提，首先对 2005—2012 年西北 51 个地区的 R 值进行了 Moran's I 检验，相关检验通过 GeodaI.4.6 软件完成，检验结果如表 6 - 1 所示，2005—2012 年西北 51 个地区的 R 值存在明显的空间自相关性，均在 1% 的水平下显著，同时 Moran's I 指数为正说明各地区城市化发展对产业结构演变的影响在空间上有着相似值集聚分布的特征，存在空间溢出效应，但是全局 Moran's I 指数无法反映其是以高值集聚或低值集聚为主，需通过局部 Moran's I 指数来检验。

进一步利用式（6 - 4）分别对 2005 年和 2012 年 51 个地区各自的局部 Moran's I 指数进行了计算，并将计算结果绘制到局部空间自相关分析图中，如图 6 - 1 所示，图中横轴反映了空间单元自身观测值，纵轴反映了周边空间单元加权值，图中有四个象限，如观测单元位于第一、第三象限则反映了该单元与周边的单元存在空间正相关性，属相似值集聚分布，其中第一单元属高值集聚，第三单元属低值集聚，如观测单元位于第二、第四象限则反映了该单元与周边的单元存在空间负相关性，属相似值分散分布，其中第二单元属自身低值而周边高值分布，第三单元属自身高值而周边低值分布，从图中可以看到，2005 年和 2012 年西北 51 个地区中大部分的 Moran's I 散点位于第一、第三象限，则其全局相关性为正，而第三象限的散点数始终多于第一象限，说明低值集聚强于高值集聚，同时可以看到 2005 年到 2012 年，散点逐渐向第二、第四象限转移，导致全局正相关性不断下降，Moran's I 指数在不断下降。

表 6-1　2005—2012 年西北 51 个地区 R 值 Moran's I 检验

年份	Moran's I	Z 值	P 值	年份	Moran's I	Z 值	P 值
2005	0.4011	4.3843	0.0010	2009	0.4151	4.5212	0.0010
2006	0.4104	4.3459	0.0010	2010	0.3593	3.9399	0.0010
2007	0.3792	4.0520	0.0010	2011	0.2812	3.1044	0.0020
2008	0.3965	4.2344	0.0010	2012	0.2788	3.1853	0.0010

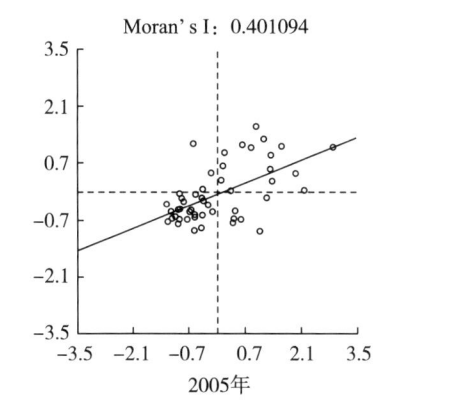

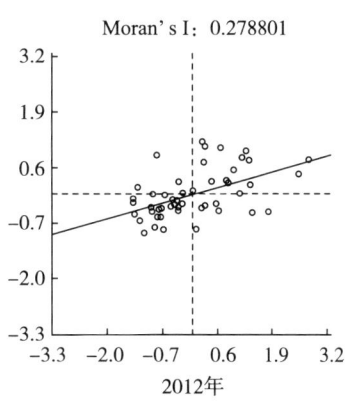

图 6-1　2005 年和 2012 年西北 51 个地区 R 值 LISA

（二）非空间面板模型 OLS 估计

在空间自相关性检验的基础上，采用非空间面板模型进行了西北地区城市化发展对产业结构演变影响的 OLS 估计，对模型估计的残差序列进行空间自相关检验，以观察是否有必要建立空间计量模型，进一步可以通过拉格朗日乘子检验（LM）及其稳健形式检验（Robust LM）判断哪种空间计量模型更为适用。OLS 估计结果如表 6-2 所示，模型整体的拟合度较高，各变量的显著性也较强，但是模型估计的 DW 值均低于 2，且偏离值较大，说明残差存在序列相关性，进一步对残差进行 Moran's I 空间自相关检验，结果显示残差序列存在显著的空间自相关性，说明利用非空间的传统面板模型估计遗漏了空间因素，模型估计存在不足，需利用空间面板模型进行分析。同时，利用 LM 检验及 Robust LM 检验对模型 OLS 估计的残差进行了空间滞后和空间误差检验，结果显示空间滞后和空间误差的显著性都很明显，说明模型兼具因变量和自变量的空间自相关性，则应利用 SDM 模型进行分析。

表 6-2　　　　　　　　非空间 OLS 面板模型估计结果

变量	参数		t 值
C	-0.2346***		-3.4247
GDP	0.0623***		7.3314
FI	-0.0029		-0.9107
OPEN	0.0203***		6.4829
IA	0.0193**		2.3924
R^2	0.5178	Durbin-Watson	1.3685
Moran's I	0.2010***	loglikols	228.7070
LM test no spatial lag	7.6848**	LM test no spatial error	28.4893***
robust LM test no spatial lag	3.2198**	robust LM test no spatial error	24.0244***
$Sigma^2$	0.0193	No. Obs	408

注：***、**分别表示在 1%、5% 的水平下显著。

（三）空间杜宾面板模型估计

由于 SDM 模型存在空间滞后项，所以 OLS 估计是有偏的，通过

Matlab 软件对 SDM 模型进行了极大似然估计,其中依据面板模型固定效应分为三种形式:空间固定效应、时期固定效应和空间时期双向固定效应。估计结果如表 6-3 所示,三种效应下 SDM 模型的拟合度均比非空间面板模型高,极大似然值也高于非空间面板模型,同时模型在瓦尔德检验和似然比率检验时均拒绝模型简化为 SLM 或 SEM,说明 SDM 模型是适用的。从三种效应的模型估计来看,双向固定模型的拟合度更优,极大似然值最高,各变量的显著性也得到了明显的增强,同时利用似然比率检验对固定效应进行检验时,时期固定效应和空间固定效应均在 1% 的水平下显著,所以依据双向固定效应的 SDM 模型进行相应分析。根据双向固定效应的 SDM 模型估计结果,西北地区城市化发展对产业结构演变的影响存在显著的空间依赖性,其系数为 0.2611,则说明周边地区 R 值提高 1%,会导致该地区 R 值提高 0.2611,西北地区城市化发展对产业结构演变的影响存在明显的空间溢出,这与之前的空间自相关性检验结果是相符的。

表 6-3 SDM 模型估计结果

变量	空间固定效应	时期固定效应	双向固定效应
GDP	0.0831***	0.0546**	0.0894***
	(6.8952)	(4.8202)	(7.7046)
FI	0.0575**	0.0062	0.0617**
	(2.2555)	(1.4102)	(2.4825)
OPEN	0.0725**	0.0247***	0.0807**
	(2.1613)	(8.0501)	(2.5741)
IA	0.1039***	0.0345***	0.1041***
	(5.2335)	(2.5397)	(5.6523)
W×GDP	-0.0213**	0.1575***	0.1076**
	(-2.3196)	(4.4169)	(2.1087)
W×FI	-0.0188***	0.0048	-0.0178***
	(-3.5949)	(0.4312)	(-3.2721)

续表

变量	空间固定效应	时期固定效应	双向固定效应
W×OPEN	-0.0253** (-2.0988)	-0.0891*** (-6.6050)	-0.0045* (-1.9185)
W×IA	-0.0331** (-2.5491)	0.0563* (-1.7686)	-0.0741* (-1.7353)
ρ	0.2979*** (2.8830)	0.2079* (1.8658)	0.2611** (2.3996)
R^2	0.9545	0.5757	0.9555
Loglikelihood	706.9150	254.0698	714.45241
$Sigma^2$	0.0021	0.0171	0.0018
Wald_spatial_lag			17.2650***
Wald_spatial_error			18.9673***
LR_spatial_lag			15.6947***
LR_spatial_error			19.2993***
LR-test spatial fixed effects			81.4604***
LR-test time period fixed effects			39.6009***
No. Obs	408	408	408

注：***、**、*分别表示在1%、5%、10%的水平下显著，括弧里的数字为t值。

（四）空间效应分解

在SDM模型估计基础上，通过偏微分方程分解了西北地区城市化发展对产业结构演变影响的空间效应。结果如表6-4所示，各自变量对因变量的整体影响用总体效应衡量，总体效应可分解为直接效应和间接效应，其中直接效应表示地区自身变量变化对因变量的影响，间接效应表示其他地区自变量变化对地区因变量的影响。直接效应又可分为两种影响路径，一种是地区自变量变化对其因变量的直接影响，可以SDM模型中各动力因素的系数进行估计，另一种是地区自变量变化对其他地区因变量造成影响，进而又对地区自身因变量产生的空间回馈效应。间接效应也可以分为两种影响路径，其一是其他地区自变量发生变化直接对地区因变量产生影响,其二是其他地区自变量发生变化首先使其自身因变量产生变动,进而对本地区因变量产生影响。在空间交互过程中,空间回馈效应的影响程度相对于间接效应较微弱,所以总体的交互效应基本以间接效应的形式在空间得以体现。

表 6-4　　　　　　双向固定效应 SDM 模型空间效应分解

变量	总体效应	直接效应	间接效应
GDP	0.2305 *** (3.8021)	0.0908 *** (7.7106)	0.1396 ** (2.3980)
FI	0.0133 *** (3.1375)	0.0194 *** (3.2337)	-0.0060 ** (-2.4451)
OPEN	0.0555 ** (2.1091)	0.0804 ** (2.5265)	-0.0248 (-0.8966)
IA	0.2041 *** (2.9452)	0.3054 *** (5.7261)	-0.0987 ** (-2.1097)

注:***、** 分别表示在 1%、5% 的水平下显著,括弧里的数字为 t 值。

(五)西北地区城市化发展对产业结构演变影响的空间效应分析

根据西北地区城市化发展对产业结构演变影响程度的空间自相关检验,可以发现存在明显的空间效应,基于空间杜宾模型进一步验证了空间效应的存在,并以空间视角对各变量的直接效应和间接效应进行了分解。经济发展水平在很大程度上决定了西北地区城市化发展对产业结构演变的影响程度,其总体效应为 0.2305,说明经济发展水平对于城市化发展及产业结构演变起到了支配性的作用,其中直接效应和间接效应均为正值且显著,同时间接效应高于直接效应,则说明在城市化发展对产业结构演变的影响程度不仅取决于区域自身的经济发展水平,很大程度上由周边区域的经济发展水平所决定，区域经济发展水平的协同程度对其有着重要影响；西北地区城市化发展对产业结构演变的影响区域开发强度的作用是最弱的，其总体效应仅为0.0133，这与西北地区经济不发达和财政投入能力较低而直接导致区域整体开发强度不高的现状是相符的，从效应分解来看，其直接效应较低而间接效应为负，说明各地区本身开发程度较低的情况下还存在区域间由于开发强度差异所引发的经济外溢，直接导致了其对城市化发展中的产业结构演变作用力较弱；西北地区城市化发展对产业结构演变推动中区域开放程度在一定程度上有所影响，其总体效应为0.0555，其中正向直接效应被负向间接效应所冲减，说明伴随着区域开放程度的提高，地区间分工的深化导致要素流动和市场扩容，促进了产业结构演变，但是伴随着整体区域开放程度的增强，经济要素存在向周边开放程度更高地区的流出，在一定程度上阻滞了城市化发展对产业结构演变的推动；西北地区城市化发展对产业结构演变推动产业集聚程度提升的作用程度仅次于经济发展水平，其总体效应为0.2041，其中直接效应是最强的，说明伴随着产业集聚产业发展的外部性不断得以增强，使城市化发展中要素集聚更为有效地推动了产业结构演变，但是整体区域的产业集聚意味着本地区部分产业会转移至其他地区，影响了其产业结构演变速度，存在一定的负向间接效应，减弱了总体效应。

综上所述，经济发展水平、区域开发强度、区域开放程度以及产业集聚均直接影响了本地区城市化发展对产业结构演变的推动，经济发展、区域开发强度和区域开放程度的直接影响效果较小，这也反映了西北地区经济发展水平低、财政支付能力弱和对外较为封闭的现实，在很大程度上制约了西北地区城市化进程中产业发展的竞争力、承载环境和外部要素投入，使产业结构演变较为滞后。同时从四个因素的间接效应来看，除了经济发展水平具有明显的正向效应外，其他三个因素的间接效应均为负，说明地区间区域开发、区域开放和产业集聚方面均存在空间竞争，各地区间在城市化进程中通过以上三个方面在不断提升自身产业结构水平的同时，却对周边地区的产业结构水平造成了负面影响,进一步弱化了西北地区城市化发展对产业结构演变的推动。

第二节 西北地区城市化发展中的产业升级

城市化发展进程对整体产业结构演变有着推动作用,使产业结构进一步高级化,但产业变迁不仅包含产业结构演变,还应包含产业层次的提升或产业升级,包括产业技术水平、创新能力和市场融合程度等多方面的增长,这是产业结构演变所无法反映的。在城市化发展中随着城市要素规模的增长,其要素配置必然发生转变,带来城市分工的进一步细分和复杂化,其对于产业升级有着怎样的影响有必要进行进一步的研究。

一 城市化发展对产业升级的影响效应分析

区域城市化发展促进整体产业结构进一步提升的同时,对产业内部也有着深刻的影响,这种影响首先直观地体现为规模影响,城市化发展意味着人口向城市的集中,而伴随着人口的增长,城市中其他要素的规模程度水平也进一步增长,会带来城市产业的进一步分工,同时伴随着城市规模的增大,市场需求会呈现多元化态势,也会对产业发展提出新的要求;其次城市化发展对产业升级有着内部影响,随着城市要素集聚水平的提高,随着知识要素的外溢和城市环境的不断完善,为产业升级提供了更多发展的有利条件。众多学者从不同角度对于城市化发展中的产业升级进行了研究,刘志彪(2010)[①]通过研究后发现通过城市化可以促进新兴产业发展的生存空间和发展环境,城市化发展是促进中国产业升级的战略选择;

---

① 刘志彪:《以城市化推动产业转型升级——兼论"土地财政"在转型时期的历史作用》,《学术月刊》2010年第10期。

Michaels 等 (2012)① 通过研究指出在世界范围内城市化通过全球分工促进了新兴产业的集聚,使其技术水平和创新能力得到了长足发展,促进了全球产业升级;吴福象和沈浩平 (2013)② 通过对长三角地区的分析后发现城市通过多种要素的集聚提升了其空间外部性,进而推动了区域产业升级。还有众多学者从多元角度论证了城市化发展对于产业升级的重要作用,但多以定性分析为主论证了二者的理论关系,缺乏相关实证分析。

产业升级是一个复杂的过程,对其测度的准确性直接关系到实证分析的结论准确与否。学术界提出了多种方法对产业升级水平进行了测度,如高燕 (2006)③ 提出的 More 值测定法、杨晓猛 (2006)④ 提出的综合指标体系评价法、李逢春 (2013)⑤ 提出的产业生产效率加权平均法等均能良好地度量产业升级水平,基于分析的直观性,采用产业生产效率加权平均法测度西北地区的产业升级水平,其计算公式如下:

$$PR = \sum_{i=1}^{n} \alpha_i \frac{Y_i}{L_i} \qquad (6-14)$$

式中,PR 代表整体产业生产效率,α_i 代表 i 产业产值在整体经济产出中的比重,Y_i 代表 i 产业产值,L_i 代表 i 产业的就业人数,二者比值反映了 i 产业的生产率,多产业进行加权平均后得到整体产业的生产率,PR 越大代表产业生产效率越高,则说明产业层次得到了提升。

---

① Michaels G. and Rauch F. and Redding S., "Urbanisation and structural transformation", *The Quarterly Journal of Economics*, Vol. 127, No. 2, 2012.

② 吴福象、沈浩平:《新型城镇化,基础设施空间溢出与地区产业结构升级——基于长三角城市群 16 个核心城市的实证分析》,《财经科学》2013 年第 7 期。

③ 高燕:《产业升级的测定及制约因素分析》,《统计研究》2006 年第 4 期。

④ 杨晓猛:《转型国家市场化进程测度的地区差异分析——基于产业结构调整指标的设计与评价》,《世界经济研究》2006 年第 1 期。

⑤ 李逢春:《中国对外直接投资推动产业升级的区位和产业选择》,《国际经贸探索》2013 年第 2 期。

二 西北地区城市化发展对产业升级影响效应的分析方法及模型构建

由于在之前的分析中提出城市化发展中的产业升级推动一定程度上依赖于集聚外溢效应,在存在空间影响的前提下,以空间分析方法对其进行研究更为合适,所以采用空间计量模型对西北地区城市化发展中的产业升级进行分析。分析中以西北地区主要的30个地级设市城市为研究对象(见表6-5),分析时期为2005—2012年,将西北地区30个地级设市城市在这一时期内的加权产业生产效率(PR)作为被解释变量,以西北地区30个地级设市城市在这一时期内的城市化率(UR)作为解释变量,同时考虑到产业升级过程受多因素影响,加入以下控制变量:

表6-5　　　　　　　　　西北地区地级设市城市

编号	城市	编号	城市	编号	城市
1	西安市	11	兰州市	21	定西市
2	铜川市	12	嘉峪关市	22	陇南市
3	宝鸡市	13	金昌市	23	西宁市
4	咸阳市	14	白银市	24	银川市
5	渭南市	15	天水市	25	石嘴山市
6	延安市	16	武威市	26	吴忠市
7	汉中市	17	张掖市	27	固原市
8	榆林市	18	平凉市	28	中卫市
9	安康市	19	酒泉市	29	乌鲁木齐市
10	商洛市	20	庆阳市	30	克拉玛依市

(1)科技发展(T)。产业生产效率的提升可直接受益于技术水平的发展,同时更多新兴产业能否有效满足消费者需求而获得快速发展,也在很大程度上依赖于能否以先进技术将其产品实现并进行改进。以各城市财政支出中科技支出反映科技发展。

(2) 金融支撑(F)。金融支撑可以为产业升级提供资金保障和支持，特别是对于一些处于产品研发和市场开拓的发展初期产业企业，信贷需求相对较大，其成长和发展需要金融市场的及时跟进。以各城市信贷余额反映金融支撑力度。

(3) 基础设施(I)。基础设施直接决定了产业发展环境的状况，产业升级发展需要良好的基础设施配套，尤其对于分布在城市中的各类产业集聚的产业园区，基础设施的完善更能吸引和促进产业发展。以各城市人均拥有城市道路面积反映基础设施水平。

在分析中对所有变量取对数以消除异方差性，记为 ln，根据式（6-9），以空间杜宾模型为一般起点，则西北地区城市化发展中的产业升级空间计量模型为：

$$\ln PR_{it} = \rho W \ln PR_{it} + \alpha_t \iota_N + \ln R_{it}\beta_1 + W \ln UR_{it}\theta_1 + \ln T_{it}\beta_2 + W \ln T_{it}\theta_2 + \ln F_{it}\beta_3 + W \ln F_{it}\theta_3 + \ln I_{it}\beta_4 + W \ln I_{it}\theta_4 + u_n + u_t + \varepsilon \quad (6-15)$$

式中，空间权重矩阵采用空间反距离权重矩阵，各城市间的距离由其经纬度测定，单位为公里数。各城市城市化数据来源于各省区统计年鉴（2006—2013），其他相关分析数据通过《中国城市统计年鉴（2006—2013）》获得或推算而得。

三 西北地区城市化发展对产业升级影响效应的实证分析

（一）非空间 OLS 面板模型估计及空间相关性检验

在空间计量分析之前首先对模型进行一般 OLS 面板估计，通过 OLS 估计可以实现两个目的，其一，通过其残差空间自相关性检验判断空间计量分析是否适用，其二，可以通过 LM 检验判断空间计量模型的形式。估计结果如表 6-6 所示，OLS 面板估计结果中各变量的显著性明显，说明变量选择是合理的，但模型整体拟合度仅为 0.4010，且 DW 值为 1.4213，其偏离度较大，说明残差存在序列相关性，进一步对其残差进行 Moran' I 检验后发现，其 Moran' I 值为 0.1737，且在 1% 的水平下显著，说明研究对象具有明显的空间相关性，选择空间计量模型进行研究是适宜的，同时 LM 和 Robust LM

检验结果显示空间滞后和空间误差均显著,所以应采用空间杜宾模型进行分析。

表 6-6　　　　　　　　非空间 OLS 面板模型估计结果

变量	参数		t 值	
C	12.1122***		20.7094	
$\ln UR$	0.5030***		6.1761	
$\ln T$	0.3165***		10.3987	
$\ln F$	0.17256***		3.9390	
$\ln I$	0.1104**		2.0567	
R^2	0.4010		Durbin-Watson	1.4213
Moran' I	0.1737***		loglikols	49.4943
LM test no spatial lag	53.2850***		LM test no spatial error	40.5863***
robust LM test no spatial lag	14.0984***		robust LM test no spatial error	11.3997***
Sigma^2	0.2900		No. Obs	240

注:***、**、*分别表示在1%、5%、10%的水平下显著。

(二) 空间杜宾面板模型估计

对式 (6-15) 中的空间杜宾模型进行空间计量分析,在分析中对三种固定效应进行对比,估计结果如表 6-7 所示,LR 和 Wald 检验均在1%的显著性下拒绝模型简化为 SLM 模型或 SEM 模型,同时在模型固定效应选择中发现空间固定效应下各变量的显著性较高,极大似然值也得到了明显的提升,LR 检验也表明接受空间固定效应而拒绝时期固定效应,所以选择空间固定效应 SDM 模型进行分析。在空间固定效应的 SDM 模型估计结果中,空间滞后系数为0.2339,其在10%的水平显著,说明西北地区产业升级存在空间溢出效应,周边城市的产业升级水平提高1%,将带动城市自身的产业升级水平提高0.2339%,但是各自变量的空间交互效应并不明显,只有金融支撑的空间交互效应在5%的水平下显著,城市化进程和其他各变量的空间效应均不显著,考虑到部分变量的空间交互可能仅在一定空间范围内有所体现,而超出一定距离后效应大幅减弱甚至不存在,如技术溢出、基础设施共享等,而在 SDM 中采用了不设定阈值距离的全域反距离空间权重,导致存在空间交互距离阈值的变量其空间交互效应未得到良好体现。

表 6 – 7　　　　　　　　SDM 模型估计结果

变量	空间固定效应	时期固定效应	双向固定效应
$\ln UR$	0.6609***	0.0826	0.0809
	(9.002)	(0.9564)	(0.9414)
$\ln T$	0.1269**	0.0204	0.0177
	(3.3017)	(0.7966)	(0.6813)
$\ln F$	0.0629**	0.0892	0.0310
	(1.4818)	(1.3611)	(0.4489)
$\ln I$	0.1301***	0.0158	0.0183
	(2.8093)	(0.4742)	(0.5363)
$W \cdot \ln UR$	0.5455	-0.0672	-0.2919
	(1.4986)	(-0.2246)	(-0.6058)
$W \cdot \ln T$	0.0188	0.0520	0.0262
	(1.5949)	(1.3375)	(0.2563)
$W \cdot \ln F$	0.3286**	0.0598	-0.3716*
	(1.9957)	(0.4571)	(-1.6454)
$W \cdot \ln I$	0.2130	0.1835	0.2049
	(0.9098)	(1.4956)	(1.3132)
ρ	0.2339*	0.5279***	0.4245***
	(1.7864)	(5.5856)	(3.8239)
R^2	0.9236	0.5990	0.9269
Loglikelihood	142.05314	52.881952	61.3413
Sigma^2	0.0414	0.1967	0.0409
Wald_ spatial_ lag			15.4655***
Wald_ spatial_ error			15.1971***
LR_ spatial_ lag			16.6521***

续表

变量	空间固定效应	时期固定效应	双向固定效应
LR_ spatial_ error			16.5296***
LR – test spatial fixed effects			257.4814***
LR – test time period fixed effects			–0.0000
No. Obs	240	240	240

注：***、**、*分别表示在1%、5%、10%的水平下显著，括弧里的数字为 t 值。

（三）阈值空间权重矩阵设定

由于在全域反距离空间权重矩阵下，大部分变量的空间交互并未得到有效体现，故对其进行改进，考虑利用阈值空间反距离权重矩阵，在阈值空间反距离权重矩阵中，仅会对一定空间距离内研究对象间的空间效应进行分析，其具体设定如下：

$$w_{ij}\begin{cases}1/d_{ij}, & d_u<d_{ij}<d_l \text{ and } i\neq j;\\ 0, & d_u>d_{ij} \text{ or } d_{ij}<d_l \text{ or } i=j;\end{cases} \quad (6-16)$$

式中，d_{ij} 代表 i 地区和 j 地区间的距离，是由两个地区的经纬度测定的空间距离，单位为公里数，d_u 为空间阈值距离下限，d_l 为空间阈值距离上限，其值为自主设定，当两个地区间的距离在空间阈值范围之内时，则认为两个城市间存在空间关系，其权重值为二者距离的倒数，低于或高于这个范围，则认为两个城市间不存在空间关系，其权重值为0。对西北地区30个地级设市城市间空间距离进行整理分析后，将空间阈值距离设定为五种形式，分别为0—200千米、200—400千米、400—600千米、600—800千米、800—1000千米，依据其计算的阈值空间权重矩阵分别为 W_1、W_2、W_3、W_4、W_5。

在设定阈值空间权重矩阵的基础上分别对其阈值范围内的城市连接关系进行了分析，分析结果如图6-2所示，图中横纵轴数字均代表城市编号，具体见表6-5，如两城市间的距离在设定阈值范围

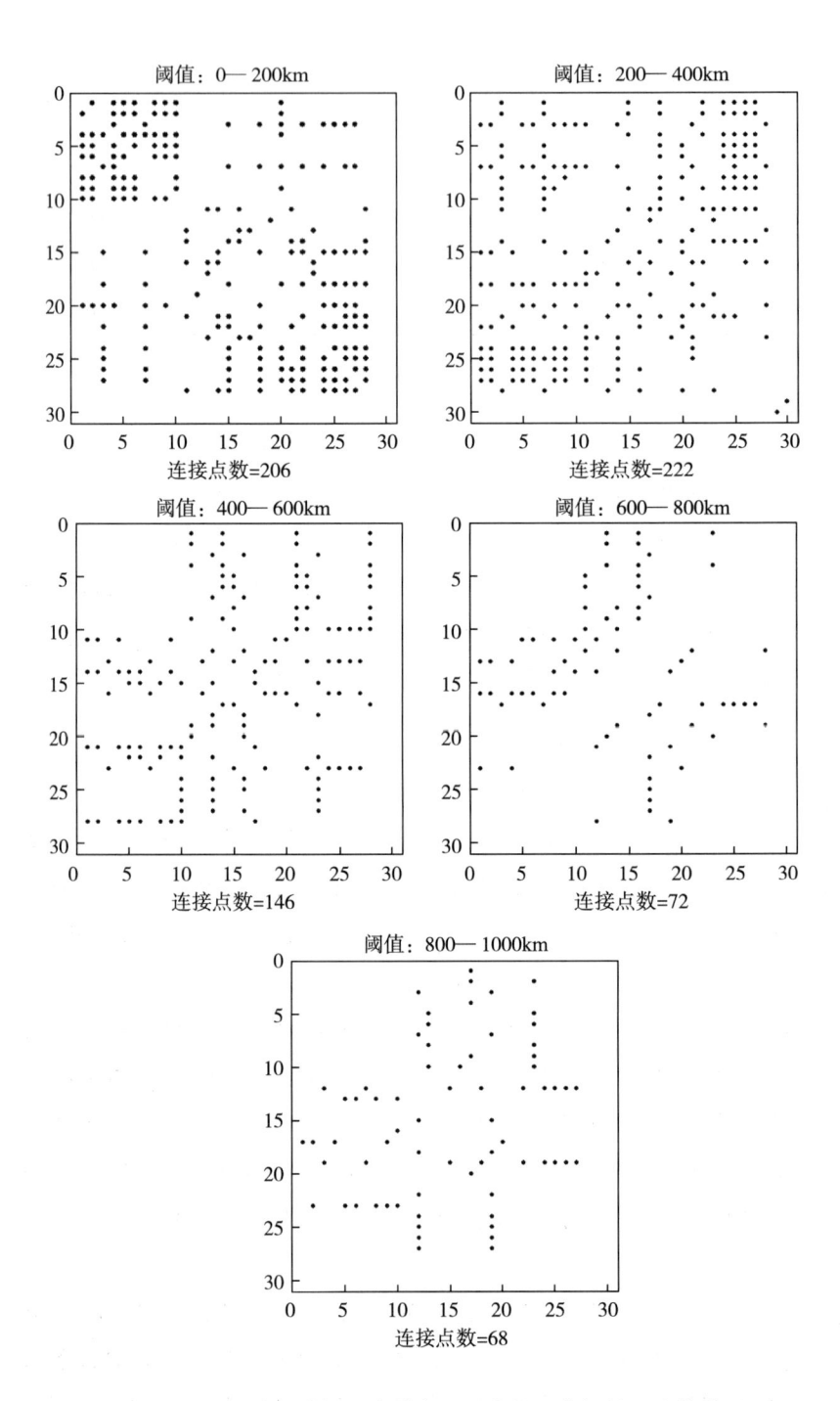

图6-2 西北地区地级设市城市不同空间距离阈值下连接关系

内，则图中两个城市间存在连接点；如两城市间的距离不在设定阈值范围内，则图中两个城市间不存在连接点。在不设定空间阈值的情况下，30个城市均与其他城市具有空间连接关系，则连接点数为870个，如图6-2所示，在空间阈值距离0—200千米、200—400千米、400—600千米三种形式下，其空间连接点数总和为574个，占总连接点数的66%，说明城市间距离多在此范围内，而超出600千米后城市间连接点数迅速下降，所占比例也较小，空间连接的城市数量较少。

（四）不同阈值空间权重矩阵下SDM模型估计

分别以0—200千米、200—400千米、400—600千米、600—800千米、800—1000千米为阈值范围计算的空间反距离权重矩阵对式（6-15）中的空间杜宾模型进行了空间计量分析，分析中采用了空间固定效应SDM模型，估计结果如表6-8所示，从空间滞后项系数来看，在400千米以内其值显著为正，400—800千米其值显著为负，超出800千米之后并不显著，说明西北地区城市间产业升级的空间交互半径平均约为800千米，而在400千米之内产业升级具有明显的空间溢出效应，在400—800千米产业升级具有明显的空间集聚效应，具体空间交互路径可以通过各变量的空间效应分解得出。

表6-8　　　　　不同阈值反距离权重矩阵下空间固定
效应SDM模型估计结果

变量	W_1	W_2	W_3	W_4	W_5
$\ln UR$	0.5154***	0.4326***	0.4338***	0.4016**	0.1946**
	(7.1590)	(4.3188)	(3.3681)	(2.0183)	(2.1044)
$\ln T$	0.0639***	0.0489***	0.0709***	0.0747***	0.1155***
	(2.7382)	(3.5563)	(3.2254)	(3.5679)	(6.0355)
$\ln F$	0.2130***	0.1398**	0.1623**	0.2344***	0.2628***
	(3.4412)	(1.9665)	(2.7224)	(4.0968)	(4.6777)

续表

变量	W_1	W_2	W_3	W_4	W_5
$\ln I$	0.0287***	0.0287***	0.0180**	0.0134**	0.0032**
	(3.7757)	(3.7711)	(2.5153)	(2.3811)	(2.0895)
$W \cdot \ln UR$	0.1958***	0.2420***	0.3118***	-0.1616*	-0.3414*
	(4.8457)	(4.1688)	(3.4363)	(-1.7911)	(-1.8166)
$W \cdot \ln T$	0.1334***	0.0995**	0.0665*	0.1234***	0.0255
	(3.8956)	(2.4183)	(1.9235)	(3.7336)	(0.9169)
$W \cdot \ln F$	0.2709**	0.4258***	0.2014*	0.3852***	0.2282***
	(2.6357)	(4.1230)	(1.6929)	(3.6150)	(2.6386)
$W \cdot \ln I$	0.1713***	0.1608***	-0.0832***	-0.0099	-0.4229
	(3.7645)	(3.3632)	(-2.8761)	(-1.0722)	(-1.1490)
ρ	0.2360**	0.2361***	-0.1269**	-0.1459**	-0.0019
	(2.4962)	(2.6045)	(-1.2621)	(-2.0401)	(0.0257)
R^2	0.9059	0.9055	0.9166	0.9159	0.9116
Sigma^2	0.0510	0.0512	0.0452	0.0455	0.0479
No. Obs	240	240	240	240	240

注：***、**、* 分别表示在 1%、5%、10% 的水平下显著，括弧里的数字为 t 值。

（五）不同阈值空间权重矩阵下 SDM 模型空间效应分解

利用式（6-11）对各变量的空间效应进行分解，结果如表 6-9 所示，在利用五种阈值权重矩阵分析时，各变量的正向直接效应均较显著，说明城市自身变量的变化对其产业升级的影响是显著的，而在五种阈值权重矩阵下，各变量的间接效应显著性存在明显差异，其中金融支撑的间接效应较为稳定，在各阈值范围内均保持显著的正向间接效应，城市化水平的间接效应显著性伴随空间阈值的增大逐渐减弱，且其效应出现了正负值变化，科技发展的间接性效应虽未出现正负值变化，但其在 800 千米之后显著性已不明显，基础设施水平间接效应伴随阈值范围增大，其间接效应的显著性在持续减弱的同时出现了正负值变化。

表 6-9　不同阈值反距离权重矩阵下 SDM 模型空间效应分解

变量	效应分解	W_1	W_2	W_3	W_4	W_5
$\ln UR$	直接效应	0.5055*** (4.0549)	0.4183*** (4.1645)	0.3237*** (3.2532)	0.3090*** (3.0959)	0.1954** (2.1408)
	间接效应	0.3590*** (7.7984)	0.2023*** (5.0120)	0.1684*** (5.3866)	-0.3394** (-2.7251)	-0.2541* (-1.9137)
$\ln T$	直接效应	0.0574** (2.4217)	0.0442*** (3.2990)	0.0715*** (3.2939)	0.0707*** (3.2540)	0.1157*** (5.9844)
	间接效应	0.1026*** (3.5545)	0.0759* (1.9404)	0.08615** (2.5229)	0.1009*** (3.3504)	0.0268 (1.0496)
$\ln F$	直接效应	0.2016*** (3.2063)	0.1195** (2.6228)	0.1680*** (2.8165)	0.2212*** (3.7327)	0.2639*** (4.7204)
	间接效应	0.1909** (2.1188)	0.3371*** (3.3735)	0.2357* (1.8246)	0.3206*** (3.4931)	0.2302*** (2.8756)
$\ln I$	直接效应	0.0206*** (5.5432)	0.0214*** (4.5773)	0.0172*** (4.4837)	0.0136*** (3.3979)	0.0051*** (3.1441)
	间接效应	0.1432*** (4.6826)	0.1344*** (3.3652)	-0.0915*** (-3.8577)	-0.0089 (-0.0720)	-0.4133 (-1.1913)

注：***、**、* 分别表示在 1%、5%、10% 的水平下显著，括弧里的数字为 t 值。

（六）西北地区城市化发展中的产业升级空间效应分析

依据不同阈值设定下的空间固定效应 SDM 模型进行空间效应分解，发现城市化发展对于产业升级的空间效应较为明显，其中直接效应为始终正且较显著，在所有变量中其影响程度是最强的，说明城市化进程的深入对于城市产业升级有着明显正向的推动作用，而间接效应伴随着空间阈值的增大出现了阶段性的演变，在 600 千米以内城市化发展对于产业升级的空间效应为正，但是正向空间溢出效应伴随着距离的增大在逐渐减小，而空间阈值进一步增长为 600—1000 千米时城市化发展对产业升级的间接效应为负。城市间通过城市化发展对产业升级的影响进程中扩散与集聚效应是并存的，如效应为正则说明空间扩散为主导，如效应为负则说明空间集聚为主导，空间距离在 600 千米以内时城市化发展对产业升级具有正向间接效应；说明近距离城市间城市化发展对产业升级的效应以空间扩散或溢出效应为主，此时各城市城市化水平的不断提高导致其要素规模和流动性不断提升，通过资金、技术的交流或者产业的直接转移，带动周边城市的产业升级，而伴随着城市间距离的拉大导致要素流动、技术转移等经济活动的难度加大和频率降低，从而使产业升级的空间扩散效应虽仍占据主导地位，但其程度在不断下降，而空间阈值进一步增长为 600—1000 千米时城市化发展对产业升级的间接效应为负，说明 600 千米范围之外的城市间城市化发展对产业升级的效应以空间集聚或竞争效应为主，这是由于城市间距离进一步提升导致城市间资金、技术的交流或者产业的直接转移可能性变得更低，而远距离城市的城市化水平不断提高导致其要素规模在不断增长的同时，势必在一定程度上造成城市自身要素的流出，从而使自身产业升级变得更为不利。另外，城市化对产业升级的空间溢出随着空间距离增强而衰减乃至产生效应转变的现象，这在一定程度上解释了西北地区第二、第三产业尤其是第二产业出现区域集聚的特征，说明由于城市密集区域中城市间空间距离较小，其产业间联系度较强，城市间的城市化溢出效应更为显著，带来了城市间产业发展的联动效应，进而带动周边区域的产业增长，而城市分布相对稀疏的区域，由于城市间空间距离较远，城市化溢出并不明显，城市间产业联动效应并不明显，第二、第三产业规模并未出现区域性整体增长。

其他结构性因素对于城市化发展中的产业升级也带来了不同程度的影响，科技发展、金融支撑和基础设施对产业升级的直接效应均为正向显著，说明这些方面的提升将有力地推动城市产业升级，同时从三者的间接效应分别来看存在差异。科技发展具有明显的正向空间外溢效应，在 200 千米之内技术溢出对产业升级的推动是最为强烈的，伴随着空间距离的增大其影响程度逐渐下降，在 800 千米之后其显著性明显下降，说明西北地区城市化发展中的技术溢出平均半径约为 800 千米，超出 800 千米后技术溢出效应并不明显；金融支撑的间接效应显著性并未随空间距离的增大而变化，且其影响程度也与空间距离无反向关系，说明现代金融业通过引进先进的信息交流技术，空间距离对现代金融市场的制约越来越小，所以西北地区各城市间的金融业快速成长可以为其他城市产业升级提供有效的支撑；基础设施的间接效应伴随着空间距离的增大出现了较大的变化，在 400 千米以内基础设施的间接效应为正向显著，说明近距离城市间可以通过共享基础设施以推动产业升级，但是随着空间距离的延伸至 400 千米之上时，其间接效应为负，说明远距离城市间共享基础设施的难度增大，其他城市基础设施水平的提高将使城市自身产业流出，存在明显的竞争效应，从而加大了自身产业升级的难度。

本章小结

在对西北地区产业变迁对城市化发展影响的研究基础上，本章以反向视角研究了城市化发展对产业变迁的影响。通过空间计量分析方法，分别研究了城市化发展对产业结构演变的影响，发现城市化发展对产业结构演变存在反向回馈作用，但整体影响程度不强且存在空间效应，对其空间效应进行测度的基础上，进一步分析和归纳了空间影响路径，发现各影响因素水平较低且存在空间竞争效应是造成这一现象的主要原因；同时利用空间反距离阈值权重矩阵对西北地区城市化发展对产业升级的推动效应进行了空间计量分析，发现西北地区城市化发展对产业升级的推动存在明显的空间溢出效应，但溢出效应存在空间衰减，各结构因素也存在不同程度的空间溢出半径，导致了西北地区产业分布的空间非均衡性。

第七章　西北地区产业变迁与城市化发展的互动与协调

西北地区产业变迁与城市化发展有着紧密的联系,在之前已经分别在产业变迁对城市化发展的驱动和城市化发展对产业变迁的促进的研究中就二者对另一方的影响进行了分析,已经对二者单向间联系进行了把握,在此基础上有必要对二者的关系进行进一步的总结和归纳,二者间关系是否只是单向连接,是否存在产业变迁和城市化发展的双向互动效应?如果存在双向互动关系,二者间的协调程度如何?这些问题都具有十分重要的现实意义,值得进一步深入研究。

第一节　西北地区产业变迁与城市化发展互动关系

城市化进程是经济发展的必然趋势,城市化水平的提高有赖于产业结构演变,产业结构演变导致人口从第一产业向第二、第三产业集中,从而使城市人口逐渐增加,同时城市化水平的提高带来的人口的集中会产生集聚效应,使产业发展尤其是第二、第三产业获取极大的外部性从而获得高速发展,进而使产业结构进一步转变,这是国外经济发展的现实经验。本节分别以产业结构演变和城市化水平代表产业变迁和城市化发展,通过面板数据格兰杰因果检验研究了西北地区城市化发展和产业变迁之间的动态关系,进一步构建向量自回归模型(PVAR),并利用脉冲响应函数研究了三次产业结构演变对城市化水平的动态影响,对于西北地区产业变迁与城市化发展之间的动态关系进行总结和解释。

一 面板向量自回归模型

Gary Chamberlain(1984)[①] 首先提出面板数据向量自回归模型,其后经过众多学者经过深入研究,面板数据向量自回归模型逐渐完善。面板数据向量自回归模型的最大特点是综合面板数据和 VAR 模型,最大的优点是把研究变量处理成内生变量,反映变量间的冲击效应,然后通过脉冲响应函数能够分离出变量间的冲击效果,使研究的精确性和全面性得到全面的提升。

面板数据向量自回归模型的一般表述为:

$$Y_{i,t} = \Gamma_0 + \sum_{k=1}^{n} \Gamma_{tk}(L) Y_{i,t-k} + \sum_{j=1}^{m} \Re_{ij} X_{i,t-j} + \Gamma_i + u_{it},$$
$$i = 1, \cdots, N; \ t = 1, \cdots, T \quad (7-1)$$

式中,$Y_{i,t}$ 是截面个体 i 在 t 时点 M 个可观测变量的 $M \times 1$ 向量,Γ_{tk}、$\Re_{ij}$ 为 $M \times M$ 的待估系数矩阵,Γ_i 为 i 个不可观测的个体固定效应的矩阵,$X_{i,t}$ 为不可观测的确定性外生变量的 $M \times 1$ 向量,$u_{it} \sim IID$ $(0, \Omega)$。

对面板数据向量自回归模型的估计过程如下:首先,使用协整检验和格兰杰因果检验判断变量间的相互关系;其次,在面板数据上构建面板数据向量自回归模型,并进行误差项的脉冲响应分析,观察误差项的影响因素大小和各变量相互之间的冲击效果。面板数据向量自回归模型的 n 阶 VAR 模型如下:

$$Y_{i,t} = \Gamma_0 + \Gamma_1(L) Y_{i,t-1} + \Gamma_2(L) Y_{i,t-2} + \cdots + \Gamma_n(L) Y_{i,t-n} + u_{it}$$
$$(7-2)$$

---

① Chamberlain G., "Panel data", *Handbook of Econometrics*, No. 2, 1984.

式中，$\Gamma_1(L)$、$\Gamma_2(L)$、$\cdots$、$\Gamma_n(L)$ 均为待估系数矩阵，Γ_0 为常数系数向量。

对第 i 个变量的冲击不仅直接影响第 i 个变量，并且通过 VAR 模型的动态结构传导给所有的其他内生变量。脉冲响应函数刻画的是在一个扰动项上加上一次性的冲击，对内生变量的当前值和未来值所带来的影响。

$Y_{i,t}$ 的 VMA（∞）的表达式：

$$Y_{i,t} = (\psi_0 I + \psi_1 L + \psi_2 L^2 + \cdots)\varepsilon_t \qquad (7-3)$$

假如 VAR 可逆，y_t 的 VMA 的系数可以由 VAR 的系数得到。设 $\psi_q = (\psi_{q,ij})\psi_q = (\psi_{q,ij})$，$q = 1, 2, 3, \cdots$，则 Y 的第 i 个变量 $Y_{i,t}$ 可以写成：

$$Y_{i,t} = \sum_{j=1}^{k}(\psi_{0,ij}\varepsilon_{jt} + \psi_{1,ij}\varepsilon_{jt-1} + \psi_{2,ij}\varepsilon_{jt-2} + \psi_{3,ij}\varepsilon_{jt-3} + \cdots) \quad (7-4)$$

因此，一般地，由对 y_j 的脉冲引起的 y_i 的响应函数可以求出如下：

$$\psi_{0,ij}, \psi_{1,ij}, \psi_{2,ij}, \psi_{3,ij}, \psi_{4,ij}, \psi_{5,ij}, \cdots \qquad (7-5)$$

分析中利用了西北五省区的相关数据，以城市化率反映各省区城市化水平，记为 UR，以三次产业产值比重变化反映各省区产业结构演变，分别记为 IS_1、IS_2、IS_3，数据时间跨度为 2005—2012 年，对上述数据均进行了对数化处理，消除数据的异方差，经济时间序列数据对数化后不改变其特征，分析结果的经济意义是合理的，对以上变量名称前加 ln 代表对数化后的新变量，分别记为 $\ln UR$、$\ln IS_1$、$\ln IS_2$ 和 $\ln IS_3$。

二　基于西北地区的实证分析

（一）面板平稳性检验

面板数据兼具截面和时间的两维特点，经济数据是伴随时间变化有一定的变动趋势的非平稳数据，对非平稳经济数据直接回归无任何实际意义，所以在分析之前首要对研究变量进行面板数据单位根检验，检验方法有同质单位根检验方法 LLC 及异质根检验方法 IPS、ADF – Fisher 和 PP – Fisher，由于面板数据中各样本数据存在较大差异性，但一般其时序特征为包含截距项和截距项与趋势项并存的两种情况，所以两种形式下均进行了单位根检验。检验结果如表 7 – 1 所示，在水平值面板数据单位根检验中，四个变量在大多数情况下均接受"存在单位根"的原假设，为非平稳数据，需进一步对数据差分后进行检验。

表 7 – 1　　　　　　　　水平值面板单位根检验

检验方法	$\ln UR$		$\ln IS_1$		$\ln IS_2$		$\ln IS_3$	
	C	C, T	C	C, T	C	C, T	C	C, T
LLC	0.99 (0.84)	-3.21 (0.00)	-2.48 (0.00)	-10.65 (0.00)	-4.66 (0.00)	-5.96 (0.00)	-3.25 (0.00)	-5.21 (0.00)
IPS	2.93 (0.99)	0.14 (0.55)	-0.40 (0.34)	-1.33 (0.09)	-2.16 (0.02)	-0.45 (0.33)	-1.28 (0.10)	-0.25 (0.40)
ADF – Fisher	0.68 (1.00)	8.19 (0.61)	13.45 (0.20)	25.37 (0.00)	24.51 (0.01)	15.31 (0.12)	18.27 (0.05)	12.85 (0.23)
PP – Fisher	0.53 (1.00)	14.65 (0.15)	25.73 (0.00)	44.53 (0.00)	51.69 (0.00)	35.09 (0.00)	24.84 (0.01)	27.53 (0.00)

注：检验有两种形式，一种只包含截距项，用（C）来表示，另一种除了截距项还包括趋势项，用（C, T）表示，括弧中数字表示 P 值，滞后项由 SC 准则判定。

进一步对四个变量数据进行一阶差分处理，由于一阶差分后数据消除了时间趋势，所以单位根检验中只包含截距项的形式。检验结果如表 7 – 2 所示，四个变量的一阶差分数据除在少数检验中在 5% 的显著性水平下拒绝"存在单位根"的原假设外，大多数情况下均在 1% 的显著性水平下拒绝"存在单位根"的原假设，所以均为一阶单整，记为 $I(1)$，符合协整检验要求。

表 7-2　　　　　　　　　一阶差分值面板单位根检验

检验方法	DlnUR	DlnIS$_1$	DlnIS$_2$	DlnIS$_3$
LLC	-4.38	-10.12	-6.48	-5.87
	(0.00)	(0.00)	(0.00)	(0.00)
IPS	-1.67	-3.82	-2.30	-2.15
	(0.04)	(0.00)	(0.01)	(0.02)
ADF-Fisher	19.32	35.87	25.20	24.27
	(0.04)	(0.00)	(0.00)	(0.01)
PP-Fisher	25.18	63.18	43.22	40.38
	(0.01)	(0.00)	(0.00)	(0.00)

注：检验只包含截距项的形式，滞后项由 SC 准则判定。

（二）面板协整分析

对非平稳数据进行协整检验是判断其是否存在均衡关系的重要手段。Pedroni 面板协整检验是以 E-G 协整检验为基础的，是在对变量间进行最小二乘估计基础上，对其估计残差序列进行平稳性检验，如残差序列平稳则说明变量间存在均衡关系，其检验形式包括组内和组间两种检验形式，其中组内检验形式下，各样本的协整系数是相同的，而组间检验形式中各样本的协整系数是不同的。Pedroni 协整检验结果如表 7-3 所示，除了组内检验 Panel rho-Statistic 在 5% 的显著性下拒绝"不存在协整关系"的原假设外，其他检验均在 1% 的显著性下拒绝"不存在协整关系"的原假设，所以判断变量间存在均衡关系。

表 7-3　　　　　　　　　Pedroni 面板协整检验结果

组内统计量	统计值	P 值	组间统计量	统计量值	P 值
Panel v-Statistic	-3.93	0.00	Group rho-Statistic	4.60	0.00
Panel rho-Statistic	2.51	0.02	Group PP-Statistic	-7.13	0.00
Panel PP-Statistic	-5.23	0.00	Group ADF-Statistic	-5.13	0.00
Panel ADF-Statistic	-3.37	0.00			

注：滞后项由 SC 准则判定。

(三) 面板格兰杰因果检验

面板数据协整检验只能验证变量间是否存在均衡关系，对于变量间具体关系还需进一步分析。格兰杰因果检验通过变量间变化趋势的预测程度进行变量间因果关系的判断，如可通过一个变量的变化预测另一变量的变化趋势，则认为前者是后者的格兰杰原因；反之则认为前者不是后者的格兰杰原因。通过面板格兰杰因果检验可以对 $\ln UR$、$\ln IS_1$、$\ln IS_2$ 和 $\ln IS3$ 间的关系进行验证，由于研究的面板数据时期数较少，采用其一阶差分数据进行格兰杰因果检验，以保证分析的稳健性，分析中由于西北五省区间城市化发展和产业变迁具有相似性，省域间异质性较小，所以采用同质面板格兰杰因果检验方式。面板格兰杰因果检验结果如表 7-4 所示，在滞后 1 期和滞后 2 期的检验中，除了接受 $D\ln IS_1$ 不是 $D\ln UR$ 的格兰杰原因和 $D\ln UR$ 不是 $D\ln IS_3$ 的格兰杰原因的原假设外，其他均在 10% 的显著性下拒绝原假设，则说明 $D\ln IS_1$ 与 $D\ln UR$ 以及 $D\ln IS_3$ 与 $D\ln UR$ 为单向格兰杰因果关系，而 $D\ln IS_2$ 与 $D\ln UR$ 存在双向格兰杰因果关系。

表 7-4　　面板格兰杰因果检验结果

原假设	滞后阶数	样本数	F 值	P 值	结论
$D\ln IS_1$ 不是 $D\ln UR$ 的格兰杰原因	1	30	2.76	0.11	接受
$D\ln UR$ 不是 $D\ln IS_1$ 的格兰杰原因	1	30	8.21	0.00	拒绝
$D\ln IS_2$ 不是 $D\ln UR$ 的格兰杰原因	1	30	15.34	0.00	拒绝
$D\ln UR$ 不是 $D\ln IS_2$ 的格兰杰原因	1	30	3.68	0.06	拒绝
$D\ln IS_3$ 不是 $D\ln UR$ 的格兰杰原因	1	30	11.27	0.00	拒绝
$D\ln UR$ 不是 $D\ln IS_3$ 的格兰杰原因	1	30	1.32	0.25	接受
$D\ln IS_1$ 不是 $D\ln UR$ 的格兰杰原因	2	25	1.61	0.22	接受
$D\ln UR$ 不是 $D\ln IS_1$ 的格兰杰原因	2	25	5.42	0.01	拒绝
$D\ln IS_2$ 不是 $D\ln UR$ 的格兰杰原因	2	25	6.99	0.00	拒绝
$D\ln UR$ 不是 $D\ln IS_2$ 的格兰杰原因	2	25	5.74	0.01	拒绝
$D\ln IS_3$ 不是 $D\ln UR$ 的格兰杰原因	2	25	3.79	0.04	拒绝
$D\ln UR$ 不是 $D\ln IS_3$ 的格兰杰原因	2	25	1.39	0.27	接受

（四）面板 VAR 模型及脉冲响应分析

在面板数据协整检验和格兰杰因果检验的基础上，对西北五省区城市化水平和产业结构演变的相关数据进行了面板向量自回归分析，通过 AIC 和 SC 准则判定最优滞后期为 2 阶，因此以 $lnUR$、$lnIS_1$、$lnIS_2$ 和 $lnIS_3$ 相关数据建立 VAR（2）模型，同时对模型稳定性进行了检验，如图 7-1 所示，所构建 VAR（2）模型的单位根全部在单位圆之内，模型稳定性是可靠的。

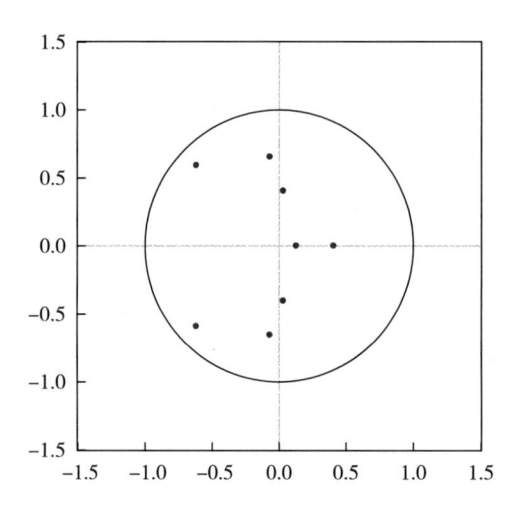

图 7-1 面板 VAR 模型稳定性检验

脉冲响应函数描述的是 VAR 中的一个内生变量的冲击给其他内生变量所带来的影响。图 7-2 体现了西北地区城市化水平与三次产业结构间的脉冲响应，各图中横轴表示自变量冲击的滞后期数，设定滞后期为 10，纵轴表示因变量的脉冲响应变量，图中实线表示脉冲响应函数大小，虚线表示正负两倍的标准差偏离带，在 6 个子图中自变量对因变量正向冲击产生的脉冲响应在第 10 期前逐渐减弱均趋近于零，说明面板向量自回归模型稳定性良好。a、b、c 三个子图分别反映了三次产业比重产生一个正向冲击后对城市化水平影响，可以看到第一产业产值比重产生一个正向冲击后，一开始对城

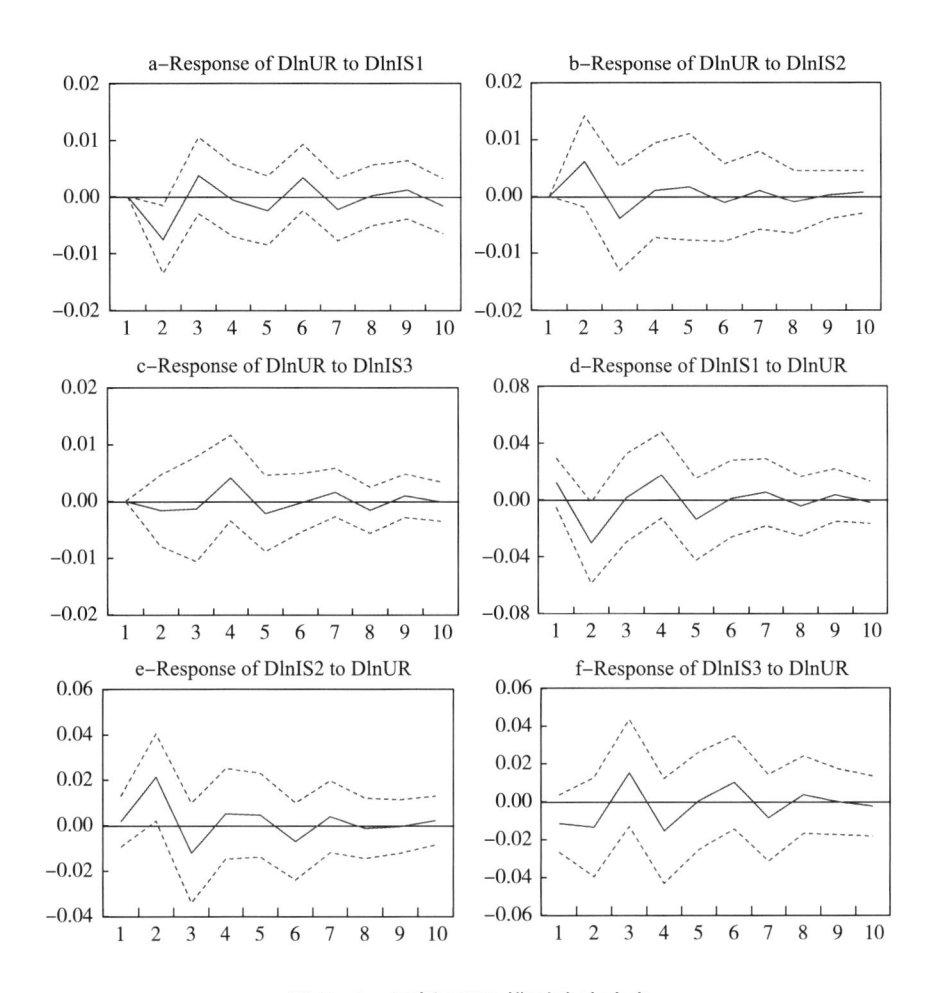

图 7-2 面板 VAR 模型脉冲响应

市化水平的影响是负向的,其后在第 3 期转为正向影响并不断衰减,说明在短期内西北地区农业发展与城市化水平存在负向关系,在长期中农业发展才会对城市化水平有所促进;第二产业比重对城市化水平的正向冲击影响是最明显的,并在第 2 期达到峰值后不断衰减逐渐趋近于 0,反映出西北地区城市化水平在很大程度上取决于其工业化水平;第三产业比重产生一个正向冲击后,在前三期并未对城市化水平产生有效影响,直至第 4 期才产生了明显的正向影响,其后便逐渐减小并趋于稳定,说明第三产业在长期内才会对城市化水平产生促进作用。d、e、f 三个子图反映了城市化水平产生一个正向冲击后对三次产业比重的影响，从中可以看出，当城市化水平产生一个正向冲击后，对第一产业比重在短期内产生了负向影响，至第 4 期转变为正向影响，其后逐渐衰减并趋于平稳，说明短期内城市化导致经济要素向城市集聚，阻滞了第一产业的发展，但长期内城市化的溢出效应还是促进了第一产业的增长；对第二产业的短期正向影响是最为明显的，在第 2 期就已达到峰值，其后便逐渐减弱趋近于 0，反映出城市化对第二产业的溢出效应是最为直接和明显的；对第三产业的短期影响与第二产业相比并不明显，至第 3 期才形成正向影响并达到峰值，但其影响程度小于对第二产业的影响，说明城市化水平虽存在对第三产业的溢出效应，但是程度较低并存在于长期内。

三　西北地区产业变迁与城市化发展互动关系分析

从以上分析中可以看出，西北地区城市化发展与产业结构演变是相互联系、相互影响的，而且这种影响存在动态性。产业结构演变持续地提升着城市化水平，同时城市化水平的提升对于产业结构演变起到了一定的作用，加速了产业结构的高度化和深度化。

三次产业结构对于西北地区城市化水平的提高都是有促进作用的，其中第二、第三产业对于城市化的影响较为明显，说明西北地区城市化水平的提高在很大程度上依赖于第二、第三产业发展，尤其是第二产业对于城市化的影响最为明显，可以认为西北地区的城市化水平处于工业化进程加速推动的增长过程中，第三产业对于城市化的影响相对较小，说明西北地区城市化进程处于外延式增长过程，还未进入内涵式增长过程。总体上，伴随着时期的推移，产业结构中第二、第三产业比重不断提高，产业变迁对城市化的推动力越为明显。

西北地区城市化水平的不断提高对三次产业也产生了外溢效应，通过城市化进程不断将人口和其他经济资源集中到城市中，从而产生集聚效应，体现为外部成本降低、知识外溢等方面，通过这些途径使各产业获得外部性，从而促使其发展，而在其中第二产业其获得的城市化外溢较为直接和明显，而伴随着城市化进程中经济要素不断地流入城市，导致第一产业的发展在短期内受到负面影响，但是从长期来看第一产业会获得正向的城市化外溢。

整体上可以看出，西北地区产业变迁与城市化发展已经形成相互促进的发展态势，产业变迁在不断加速城市化进程的同时，城市化发展对产业变迁也存在明显的回馈推动，而且伴随着时期的推移，二者间的互促效应呈现增长趋势。同时可以看到，城市化发展与第二产业间存在较为强烈的双向互动影响，说明工业化与城市化的互动是目前西北地区产业变迁与城市化发展间关系的主要体现。

第二节 西北地区产业变迁与城市化发展协调度分析

通过面板 VAR 模型可以看到西北地区产业变迁与城市化发展存在相互促进的关系，但是相互促进并不意味着良性互动，有可能存在二者发展的脱节，相互促进只能拉大二者间的差距，直至差距过大后无法产生有效的互动效应，只有二者处于协调共生状态，其相互促进的关系才会进一步凸显对于二者发展的贡献，所以对于二者互动过程中协调性的把握至关重要。

一 产业变迁与城市化发展的协调关系

在学术界相关研究中，学者们大多集中于产业变迁与城市化发展关系的研究，仅有关于二者协调关系的研究也大多集中二者协调发展的某一部分或某一方面。都沁军（2006）[①] 指出第三产业是提

---

① 都沁军：《第三产业与城市化协调发展的对策研究》，《城市发展研究》2006 年第 5 期。

高城市化质量和加速城市化进程的重要途径，需以提高第三产业层次、提升城市认同度等方式提升二者的协调度；褚劲风等（2008）[①]通过对上海市的实证分析后发现城市化在加速经济增长的同时带来了城市问题，可以通过创意产业来优化产业结构，能够促进城市的可持续发展；李东光和郭凤城（2011）[②]通过研究发现产业集聚与城市化间协调发展对于整体区域经济有促进作用，并且对其影响的路径进行了总结；王青等（2013）[③]的研究指出，产业变迁与城市空间扩张的协调发展有利于经济增长和土地利用效率的提升，并提出了相关政策建议，还有众多学者从不同的角度切入对二者间的协调关系进行了分析，并提出了协调发展的对策建议，但是这些分析中缺乏对产业变迁与城市化发展协调关系的整体论证，同时也未有学者提出二者综合协调度的测度方法，所以有必要对其进行深入研究。

产业变迁与城市化发展存在互为因果的关系，这种互为因果的关系主要体现在两个方面，一方面产业变迁过程中的就业增长和集聚效应不断促使城市化进程的加速，另一方面城市化发展中要素不断集聚使城市规模和功能不断提升，有效促进了产业发展的承载环境，所以二者的协调发展也应体现在这两个方面，表现为产业变迁中的城市化协调发展和城市化发展中的产业协调变迁。二者的协调发展不仅仅限于二者的表象指标提升，同时更深层次地体现为二者对经济社会的综合影响进而又对二者产生了作用，从产业变迁中的城市化协调发展来看，其主要由产业变迁对城市化发展的推动作用来体现，从之前的章节分析中明显地看到产业变迁对城市化的影响是多维的，主要体现为产业发展中就业提升、人口集聚，进而使城

[①] 褚劲风、高峰、马吴斌：《上海城市与创意产业园区协调发展研究》，《中国人口·资源与环境》2008年第6期。

[②] 李东光、郭凤城：《产业集群与城市群协调发展对区域经济的影响》，《经济纵横》2011年第8期。

[③] 王青、姚丽、陈志刚：《城市产业结构与用地结构协调发展研究——以江苏省为例》，《现代城市研究》2013年第7期。

市规模扩张、集聚效应增强，带来城市经济社会综合的提升。而城市化发展中的产业协调变迁主要体现为城市作为产业发展的载体，其多方位的发展优化了产业发展环境。

二 产业变迁与城市化发展协调度综合评价指标体系及测度方法

（一）产业变迁与城市化发展协调度综合评价指标体系

将产业变迁与城市化发展协调关系分为两种，其一是产业变迁中的城市化协调发展，其主要通过产业变迁对于城市化的推动来体现，将其协调发展分为三个方面，分别为经济协调度、空间协调度和就业协调度，分别从产业变迁对城市化进程中城市经济发展、空间扩张和就业增长方面的影响选取了相关指标来衡量其协调度。其二是城市化发展中的产业协调变迁，其主要依赖于城市化进程中城市多维环境改善优化产业发展条件来体现，将其协调发展分为三个层面，分别为设施协调度、功能协调度和生态协调度，分别从城市化发展对产业变迁设施供给、功能支撑以及可持续发展的影响过程中选取了相关指标衡量其协调程度。如表7-5所示，依据以上分析构建的西北地区产业变迁与城市化发展协调度综合评价指标体系共包含6个一级指标和24个二级指标，通过这些指标来反映二者的协调程度。

表7-5　产业变迁与城市化发展协调度综合评价指标体系

一级指标	二级指标	指标解释
A_1：经济协调度	B_1：城市经济水平	第二、第三产业产值占GDP比重
	B_2：生产效率	城市人均GDP
	B_3：生活水平	城镇居民人均消费额
	B_4：产业联动水平	第三产业与第二产业产值之比
A_2：空间协调度	B_5：空间扩张	建成区占城区比例
	B_6：土地产出效率	城区单位面积GDP
	B_7：空间承载程度	城市人口密度
	B_8：空间协调发展水平	建成区面积增长率与GDP增长之比

续表

一级指标	二级指标	指标解释
A_3：就业协调度	B_9：就业密集程度	城市就业密度
	B_{10}：就业吸纳水平	城市就业人口占城市总人口比重
	B_{11}：就业竞争水平	城镇登记失业率
	B_{12}：产业就业联动水平	第三产业与第二产业就业比重之比
A_4：设施协调度	B_{13}：原料供应效率	城市日供水能力
	B_{14}：运输效率	城市人均道路面积
	B_{15}：管网覆盖程度	城市人均管道长度
	B_{16}：通勤状况	城市万人拥有公共交通车辆
A_5：功能协调度	B_{17}：教育水平	小学师生比
	B_{18}：医疗卫生水平	城市万人拥有卫生技术人员
	B_{19}：金融支撑水平	金融增加值占GDP比重
	B_{20}：科技投入水平	城市科技从业人员数
A_6：生态协调度	B_{21}：生态修复水平	建成区绿化率
	B_{22}：休闲设施水平	城市人均绿地
	B_{23}：环保水平	城市垃圾无公害处理率
	B_{24}：污染治理水平	污水处理能力

（二）产业变迁与城市化发展协调测度方法

对于多指标的综合评价体系，常采用的测度方法有层次分析法、因子分析法、主成分分析法和熵权法等。其中层次分析法中对指标权重依赖于主观测定，较为随意而不客观，因子分析法和主成分分析法对指标进行降维处理，其后进行因子权重和综合得分评定，虽较为客观但由于部分指标在降维过程中体现不明显而被遗漏，其全面性势必有所减弱。熵权法兼具以上两种方法的优点，其指标权重由数据变异系数客观确定，同时所有指标均体现在最终的评价结果中，所以采用熵权法对西北地区产业变迁与城市化发展协调度进行综合评价。

在进行分析前要对指标体系中的指标进行处理，以期合理地体现在最终评价结果中。首先对逆向化指标和适度化指标进行线性正向化处理,在西北地区产业变迁与城市化发展协调度综合指标体系中,空间协调度中的空间协调发展指标为适度化指标,而就业协调度中的就业竞争度指标为逆向化指标。对于适度化指标具体处理公式如下:

$$x'_{ij} = \max|x_{ij} - k| - |x_{ij} - k| \qquad (7-6)$$

式中,x_{ij}代表适度化指标,k代表指标的最优适度值,具体到空间协调发展水平指标中,将其k设定为1,代表城市空间拓展与经济增长是同步的。

逆向化指标其具体处理公式如下:

$$x'_{ij} = \max(x_{ij}) - x_{ij} \qquad (7-7)$$

式中,x_{ij}代表逆向化指标,可以利用逆向化指标极大值与各指标的差额将其正向化处理。

指标间量纲的不一致会导致最终评价结果在很大程度上会由量级数量较大的指标所决定,所以应对指标进行无量纲化处理,由于将所有指标均转化为正向化指标,可以利用极差无量纲化处理方法将所有指标量纲统一化,其具体处理公式为:

$$y_{ij} = \frac{x'_{ij} - \min(x'_{ij})}{\max(x'_{ij}) - \min(x'_{ij})} \qquad (7-8)$$

式中,x'_{ij}是正向化指标或处理后的正向化指标,利用其和最小值差额与指标极差的比值将其进行无量纲化处理,所有指标值均转化至[0,1]范围内。

在无量纲化处理的基础上,可以利用熵权法对各指标权重进行测算,由于熵权法中利用了对数化处理,而极差无量纲化处理方法中指标值有可能为0,所以对无量纲化的指标矩阵进行平移处理,具体如下:

$$z_{ij} = y_{ij} + A \qquad (7-9)$$

式中,A为大于零的数,对矩阵中所有指标都进行A值幅度的平移。进一步求得指标的权重矩阵,具体为:

$$p_{ij} = z_{ij} \bigg/ \sum_{i=1}^{m} z_{ij}, 1 < i \leq m, 1 < j \leq n \qquad (7-10)$$

式中，m 为样本数量，n 为指标数量。可以利用权重矩阵求得 j 指标的熵值，具体计算公式如下：

$$e_j = \sum_{i=1}^{m} z_{ij} \ln(z_{ij}) / \ln(m) \tag{7-11}$$

进一步可以求得 j 指标的变异系数，具体计算公式如下：

$$g_j = 1 - e_j \tag{7-12}$$

对各指标的差异系数归一化，可获得 j 指标的权重，具体计算公式如下：

$$w_j = g_j \Big/ \sum_{j=1}^{n} g_j \tag{7-13}$$

则 i 样本的产业变迁与城市化发展协调度的综合评价得分为：

$$F_i = \sum_{j=1}^{n} w_j y_{ij} \tag{7-14}$$

三 西北地区产业变迁与城市化发展协调度测算

利用熵权法对西北地区产业变迁和城市化发展协调度进行了测算，鉴于数据的可采集性，分析以省域尺度展开，对2005—2012年西北五省区产业变迁和城市化发展协调综合评价指标体系中的相关数据进行了收集和整理，由于相关增长率指标的计算需环比数据，相关数据来源于《中国统计年鉴（2005—2013）》和各省区统计年鉴（2005—2013），少量缺失数据通过插值法进行补齐。

（一）综合评价体系指标熵权值测算

根据熵权值确定的步骤，首先利用式（7-6）、式（7-7）和式（7-8）对西北地区产业变迁与城市化发展协调度综合评价指标体系相关数据进行了正向化和无量纲化处理，并利用式（7-9）对无量纲化指标数据进行了平移处理，在此基础上利用式（7-10）计算了其指标权重矩阵，进一步利用式（7-11）和式（7-12）求得西北地区产业变迁与城市化发展协调度综合评价体系各指标的熵值和变异系数，相关处理结果由于篇幅限制不一一列出，最终利用式（7-13）计算了各级指标的权重值，计算结果如表7-6所示。

表7-6 西北地区产业变迁与城市化发展协调度综合评价体系各指标熵权值　　单位:%

一级指标	熵权值	二级指标	熵权值
A_1:经济协调度	16.74	B_1:城市经济水平	4.22
		B_2:生产效率	4.23
		B_3:生活水平	4.16
		B_4:产业联动水平	4.13
A_2:空间协调度	16.75	B_5:空间扩张	4.15
		B_6:土地产出效率	4.27
		B_7:空间承载程度	4.14
		B_8:空间协调发展水平	4.19
A_3:就业协调度	16.68	B_9:就业密集程度	4.19
		B_{10}:就业吸纳水平	4.20
		B_{11}:就业竞争水平	4.13
		B_{12}:产业就业联动水平	4.16
A_4:设施协调度	16.65	B_{13}:原料供应效率	4.12
		B_{14}:运输效率	4.20
		B_{15}:管网覆盖程度	4.12
		B_{16}:通勤状况	4.21
A_5:功能协调度	16.48	B_{17}:教育水平	4.15
		B_{18}:医疗卫生水平	4.15
		B_{19}:金融支撑水平	4.16
		B_{20}:科技投入水平	4.02
A_6:生态协调度	16.71	B_{21}:生态修复水平	4.19
		B_{22}:休闲设施水平	4.17
		B_{23}:环保水平	4.19
		B_{24}:污染治理水平	4.16

(二)西北五省区产业变迁与城市化发展协调度测算结果

利用表7-6计算所得的西北地区产业变迁与城市化发展协调度综合评价体系熵权值,结合各省区无量纲化指标数据,利用式(7-14)计算了西北五省区产业变迁与城市化发展的经济协调度、空间协调度、就业协调度、设施协调度、功能协调度、生态协调度及其总协调度，计算结果如表7-7所示。

表7-7　西北五省区产业变迁与城市化发展协调度（2005—2012年）

	年份	经济协调	空间协调	就业协调	设施协调	功能协调	生态协调	总协调度
陕西	2005	0.0666	0.0807	0.1081	0.0625	0.0607	0.0543	0.4328
	2006	0.0692	0.1219	0.1070	0.0739	0.0598	0.0811	0.5129
	2007	0.0753	0.1136	0.1062	0.0946	0.0647	0.0818	0.5362
	2008	0.0823	0.1133	0.1090	0.1046	0.0645	0.1053	0.5790
	2009	0.0956	0.1242	0.1020	0.1121	0.0757	0.1111	0.6207
	2010	0.1013	0.1340	0.0924	0.1172	0.0745	0.1273	0.6467
	2011	0.1119	0.1428	0.0969	0.1289	0.0802	0.1370	0.6977
	2012	0.1276	0.1469	0.0956	0.1379	0.0842	0.1439	0.7361
甘肃	2005	0.0568	0.0917	0.0945	0.0607	0.0524	0.0222	0.3784
	2006	0.0568	0.0798	0.0858	0.0649	0.0469	0.0386	0.3727
	2007	0.0569	0.0847	0.0916	0.0669	0.0421	0.0334	0.3756
	2008	0.0646	0.0874	0.0932	0.0739	0.0365	0.0499	0.4054
	2009	0.0740	0.0959	0.0914	0.0794	0.0365	0.0470	0.4241
	2010	0.0687	0.0905	0.0916	0.0832	0.0349	0.0485	0.4174
	2011	0.0889	0.0935	0.0921	0.0870	0.0350	0.0586	0.4551
	2012	0.1011	0.1082	0.1021	0.0887	0.0390	0.0728	0.5120
青海	2005	0.0623	0.0554	0.0826	0.0459	0.0431	0.0482	0.3376
	2006	0.0663	0.0582	0.0834	0.0483	0.0436	0.0570	0.3568
	2007	0.0681	0.0594	0.0898	0.0537	0.0469	0.0617	0.3795
	2008	0.0706	0.0638	0.0851	0.0546	0.0525	0.0546	0.3812
	2009	0.0827	0.0700	0.0851	0.0558	0.0642	0.0500	0.4078
	2010	0.0860	0.0756	0.0814	0.0591	0.0629	0.0540	0.4191
	2011	0.0941	0.0890	0.0795	0.0548	0.0684	0.0762	0.4619
	2012	0.1080	0.0880	0.0926	0.0543	0.0773	0.0802	0.5005
宁夏	2005	0.0793	0.0331	0.0272	0.0181	0.0660	0.0460	0.2696
	2006	0.0782	0.0762	0.0375	0.0512	0.0669	0.0556	0.3656
	2007	0.0829	0.0390	0.0359	0.0603	0.0716	0.0721	0.3618

续表

	年份	经济协调	空间协调	就业协调	设施协调	功能协调	生态协调	总协调度
宁夏	2008	0.0954	0.0391	0.0248	0.0604	0.0732	0.0890	0.3819
	2009	0.1119	0.0418	0.0419	0.0676	0.0753	0.0991	0.4376
	2010	0.1235	0.0485	0.0357	0.0705	0.0780	0.1313	0.4875
	2011	0.1400	0.0528	0.0393	0.0749	0.0844	0.1162	0.5076
	2012	0.1544	0.0641	0.0405	0.0764	0.0876	0.1172	0.5403
新疆	2005	0.0370	0.0656	0.0662	0.0896	0.0520	0.0514	0.3618
	2006	0.0415	0.1220	0.0777	0.1018	0.0529	0.0539	0.4499
	2007	0.0490	0.1003	0.0739	0.1059	0.0614	0.0678	0.4584
	2008	0.0532	0.1189	0.0803	0.0973	0.0594	0.0772	0.4863
	2009	0.0658	0.0807	0.0753	0.1011	0.0679	0.0962	0.4870
	2010	0.0563	0.1135	0.0856	0.1045	0.0657	0.1004	0.5260
	2011	0.0815	0.1188	0.0838	0.1151	0.0700	0.1161	0.5852
	2012	0.1024	0.1127	0.0816	0.1258	0.0786	0.1190	0.6202

(三) 西北五省区产业变迁与城市化发展协调度分析

2005—2012年西北五省区产业变迁与城市化发展协调度总体均呈现上升趋势，说明各省区在产业变迁和城市化发展不断促进的过程中，二者出现了逐步协同发展的良好态势，但是从各年的综合水平来看，各省区产业变迁与城市化发展的协调程度较低，一般在熵权法中以0.6的综合得分作为标准评判水平，表7-7的结果显示2005年西北五省区综合协调程度均低于0.6，最低的宁夏仅为0.2696，至2012年西北五省区综合协调程度虽有所上升，但协调程度超过0.6的仅有陕西和新疆，综合来看西北地区五省区整体产业变迁和城市化发展协调程度是较低的。

从省区间的对比来看，陕西省历年的协调程度是最高的，新疆次之，青海、宁夏和甘肃水平相当。陕西在空间协调度、就业协调度和生态协调度方面领先于其他省区，经济协调度、设施协调度和功能协调度方面也排名前列，其产业变迁和城市化发展出现了协同发展，其协调程度的增长势头也是五省区中最快的，2005—2012年陕西省产业变迁和城市化发展综合协调程度从0.4328增长至0.7361，未来将逐渐步入高度协调的阶段；甘肃省历年的协调程度是较低的，其发展缓慢，2005年甘肃产业变迁与城市化发展综合协调程度为0.3784，仅次于陕西，但至2012年仅增长为0.5120，在五省区中仅略高于青海，综合历年发展来看其就业协调度和空间协调度水平相对较高，但经济协调度、设施协调度、功能协调度及生态协调度较低，尤其是功能协调度与生态协调度水平与其他省区存在较大的差距，直接导致其综合协调状况不尽如人意；青海省整体的协调程度存在基础差且增长缓慢的状况，2005年其综合协调程度为0.3376，在五省区中排名第四，至2012年其综合协调程度增长为0.5005，为五省区中协调程度最低的省份，其各项协调程度均存在基础较差的情况，同时设施协调度、空间协调度以及生态协调度方面的发展缓慢直接导致了其综合协调程度较低；宁夏整体的协调程度基础较差，但其增长迅速，2005年其综合协调程度仅为0.2696，排名西北五省区末尾，至2012年其综合协调程度大幅增长为0.5403，高于甘肃和青海，其经济协调程度、功能协调程度和生态协调程度的大幅提升综合协调程度快速增长的贡献最为明显，但其空间协调程度和就业协调程度低水平缓慢发展的状况对于整体协调度的发展起到了一定的制约作用；新疆综合协调程度的发展较为均衡，2005年其综合协调程度仅为0.3618，与甘肃和青海水平相当，略高于宁夏，至2012年其综合协调程度为0.6202，仅次于陕西，明显高于其他三个省区，在增长过程中其各项协调度均保持明显增长，未来产业变迁和城市化发展协调共生的势头良好。

  结合之前对西北地区产业变迁进程和城市化进程的分析，可以明显观察到在西北地区中产业变迁和城市化发展协调性较好的省区，其产业变迁和城市化发展的状况也较为突出，说明只有产业变迁和城市化发展具有协调关系的前提下，二者间的交互促进效应才可以有效发挥，对产业变迁、城市化发展乃至区域经济产生良好的推动作用。未来在推动西北地区产业变迁和城市化发展进程中，需对二者发展的协调性进行关注。

本章小结

在本章中沿循之前关于西北地区产业变迁和城市化发展二者单向关系的研究，进一步利用面板 VAR 模型对西北地区产业变迁和城市化发展的动态关系进行研究，发现二者整体间存在明显的双向格兰杰因果关系，尤其是第二产业与城市化发展的双向冲击尤为突出。在总结西北地区产业变迁和城市化发展双向互动关系的基础上，对二者间协调程度进行了研究，利用综合评价指标体系和熵权法对西北五省区的产业变迁和城市化发展的协调程度进行了分析和比对，发现西北地区产业变迁与城市化发展间协调程度整体较低，且西北五省区间存在明显差异，并对西北五省区产业变迁和城市化发展的进程造成了不同程度的阻滞影响。

第八章 研究结论及对策建议

第一节 主要研究结论

以西北地区经济发展过程中产业变迁与城市化发展为研究对象，在文献整理和理论分析的基础上，通过对西北地区产业变迁和城市化发展历程的现状、规律及趋势的把握，分别对二者间的相互作用进行了实证分析，进而研究了二者的互动和协调关系，在研究中形成的主要结论有以下几点：

第一，西北地区产业变迁与城市化发展虽取得了长足进步，但是仍处于较为落后的状况。结合相关数据，对2005—2012年西北地区产业变迁和城市化发展进程进行了全面分析，发现在这一期间西北地区产业变迁和城市化发展的整体水平有所改善，但是通过与全国发展状况的对比，认为西北地区仍处于较为落后的状况，同时内部空间分布及其发展趋势存在明显差异。从城市化发展来看，西北地区城市人口规模及城市化水平提升迅速，但与全国仍存在较大差距，西北五省区间城市化水平的差异也较大，城市人口分布存在明显的空间非均衡性，同时各级规模城市发展不一致的状况比较突出。产业变迁进程中产业规模及产业结构水平提升明显，但产业就业发展相对缓慢，产业规模分布空间差异明显，同时主导产业以及产业体系也相对较为落后。

第二,西北地区产业变迁对城市化发展起到了一定的驱动作用,但是驱动作用水平较弱且空间分布不平衡。

(1) 西北地区产业就业偏离导致产业结构演变对城市化发展的驱动作用有限。通过就业视角分析了产业变迁对于城市化水平的推动,发现西北地区产业结构水平在不断提升时,其就业水平增长缓慢,而产业与就业相偏离使西北地区城市化水平较为滞后。对于产业就业偏离的原因进行分析后发现存在内部和外部因素的影响,从产业内部来看,西北地区五省区的主导产业大多为资本密集型的资源开发和加工产业,这类产业的就业弹性较低,导致整体产业在不断发展的同时,就业吸纳能力却相对薄弱,导致产业规模快速扩张并未引致就业同步增长。利用面板模型对西北五省区产业就业相偏离的外部因素进行了分析,结果发现劳动力素质较低、就业收入增长缓慢、公共服务能力薄弱和劳动力市场的不完善等问题制约了城市就业的增长,造成了产业结构水平的提高未能有效地带动就业增长,进而制约了城市化进程的进一步发展。

(2) 西北地区产业集聚是城市人口空间集聚的决定性因素。利用空间统计学方法分析产业集聚对城市人口集聚的影响,发现西北地区产业集聚度与城市人口集聚度存在高度的协同变化,同时二者具有明显的空间耦合性,而且从其内部分布来看,产业集聚导致了城市人口在城市密集区域的集中,这也是西北地区城市化发展中城市人口空间分布非均衡现象的直接原因。

(3) 西北地区产业结构演变对各规模等级城市人口增长的推动存在差异。利用面板误差修正模型分析了西北地区五省区产业结构演变对于各级城市人口规模的影响,发现产业结构水平的提升带来了城市体系位序规模指数的提升,结合之前对西北地区城市体系规模结构的研究,认为西北地区五省区产业结构水平的提升对于各省区内非首位大城市的规模促进较为明显,而对首位城市和中小城市规模增长的推动作用并不明显。

第三,西北地区城市化发展存在回馈影响,但总体影响水平低且存在空间差异。

（1）多因素制约和空间竞争效应导致西北地区城市化发展对产业结构演变的推动较弱。利用产业结构演变的城市化响应系数分析了西北地区城市化水平提升对产业结构的影响，发现西北51个地区的响应系数均小于1，城市化水平提升对产业结构演变虽具有一定的作用，但影响程度较低，同时发现这种影响程度存在空间上的相关性，结合空间计量经济学方法，利用空间反距离权重矩阵构建了西北地区城市化发展对产业结构演变影响的空间计量面板模型，计量结果显示，经济发展水平、区域开发强度、区域开放程度和地区产业集聚水平对于西北地区城市化发展对产业结构演变影响程度均具有正向空间直接效应，但西北地区整体经济发展水平的滞后、财政能力的薄弱、较为封闭的市场环境限制了城市化发展对产业结构演变的推动效应，同时区域开发强度、区域开放程度和地区产业集聚水平存在负向空间间接效应，说明以上因素导致各地区城市化发展对产业结构的推动存在空间竞争效应，进一步削弱了城市化发展对产业结构演变的推动作用。

（2）西北地区城市化发展对产业升级的影响存在空间溢出效应，且存在明显的溢出半径。对西北地区城市化发展对产业升级的影响进行了分析，以估算的西北地区30个地级设市城市的产业生产效率作为被解释变量，以城市化水平和其他结构性因素作为解释变量，构建了相关面板模型，利用最小二乘法对面板模型进行估计后发现，模型存在明显的空间相关性，进一步结合空间阈值反距离权重矩阵利用空间计量面板模型进行了估计，发现西北地区城市化发展对产业升级的影响存在明显的空间直接和间接效应，城市化发展不仅对本地产业升级具有推动作用，也对周边地区产业升级有所影响，且这种影响伴随着空间距离的增大出现了明显变化，空间阈值在600千米以内时存在显著的正向空间间接效应，超出600千米之后间接效应转为负向，同时空间阈值在600千米以内时城市化发展对产业升级的推动程度伴随空间距离的增长呈下降趋势，说明在城市密集区城市化发展对产业升级的溢出效应更为明显,这也在一定程度上解释了西北地区产业集聚和人口空间分布的非均衡性。其他结构性因素也在城市化发展中对产业升级存在空间效应,其空间直接效应均为正且随空间距离的增大而衰减,空间间接效应方向和变化由于各结构因素的特征而有所差异。

第四,西北地区产业变迁与城市化发展存在相互间的推动和促进,但是二者间的不协调影响了其交互作用的发挥。

(1) 西北地区产业变迁与城市化发展存在明显的互动关系,其中工业化进程与城市化发展的互动更为突出。在对西北地区产业变迁与城市化发展间的相互作用和影响进行分析的基础上,利用面板向量自回归模型对西北地区五省区产业变迁和城市化发展的互动关系进行了进一步的分析,格兰杰因果检验显示,西北地区产业结构演变与城市化水平间存在因果关系,其中第一产业和第三产业与城市化水平存在单向关系,而第二产业比重与城市化水平间存在双向关系,进一步利用脉冲响应函数对变量间的冲击作用进行了分析,结果显示城市化水平与三次产业比重间存在交互冲击,但冲击方向和力度均有所差异,第二产业比重与城市化发展间的正向交互冲击较为明显。整体上来看,西北地区产业变迁与城市化发展已经形成相互促进的发展态势,产业变迁在不断加速城市化进程的同时,城市化发展对产业变迁也存在明显的回馈推动,同时伴随着时期的推移,二者间的互促效应呈增长态势。

(2) 西北地区产业变迁与城市化发展的协调性较低,在一定程度上影响了二者间的互动。在对西北地区产业变迁与城市化发展互动关系进行分析的基础上,对二者间的协调性进行了分析。通过理论分析,将产业变迁与城市化发展协调关系分为两种,产业变迁中的城市化协调发展和城市化发展中的产业协调变迁,进一步对其分解后构建了产业变迁与城市化发展协调程度的综合评价指标体系,结合相关数据,利用熵值法对西北五省区产业变迁与城市化发展的协调程度进行测算,发现各省区间综合协调程度存在明显差异,而产业变迁与城市化发展协调程度较高的省区，其产业变迁和城市化发展进程更为迅速，说明二者间的协调程度对二者间的交互效应有着决定性的影响，综合来看西北五省区产业变迁和城市化发展的综合协调程度较低，这在一定程度上制约了西北五省区产业变迁与城市化发展相互促进的效应，导致西北地区产业变迁和城市化发展状况较为落后。

第二节　对策建议

基于西北地区产业变迁与城市化发展相互影响、相互促进的基本关系，在促进西北地区产业和城市化发展的过程中，如将二者割裂开来必然存在经济效率的损失，应将二者有效结合，利用二者相互间的影响不断推动二者发展，同时实现二者在区内的平衡增长。

第一，通过产业结构转型升级和完善就业外部环境，不断依托产业就业推动西北地区城市人口规模增长。首先，以西北地区现有主导产业为基础不断延伸产业链条，利用要素价格优势积极发展能矿加工产业，同时有序承接中、东部劳动密集型产业，以工业内部结构转变和规模扩张拉动就业增长，同时不断发展就业吸纳率更高的生活性服务业，以市场为导向创新服务业产品和市场，在新兴工业园区和开发区周边积极发展配套服务业，创造和增加就业岗位，提升城市就业吸纳能力。其次，通过劳动力素质和劳动收入的提升以及配套公共服务和劳动力市场的完善，改善流动人口的就业环境，实现稳定的就业和生活。提供公共性的技能培训和职业教育，提升流动人口就业能力和素质，增强其就业竞争力；通过各种渠道和媒介提升信息透明度完善劳动力市场，增强劳动力市场的供需对接程度；全面推行劳动合同，不断提高最低工资标准，保障劳动力基本收入的同时实现收入的稳定增长，增强城市就业的吸引力；将流动劳动力纳入城市社会保障体系，通过最低生活保障和失业保险，增强其风险抵抗能力，解决其就业和生活的后顾之忧。

第二，利用产业集聚推动西北地区城市群建设，并有效疏解大城市低端产业和功能，促进中小城市规模扩张，实现城市体系规模的均衡增长。首先，以丝绸之路经济关中—天水经济区和兰西格经济区等经济区域建设为契机，利用产业发展基础较为雄厚的区域中心城市，如西安、兰州、西宁、银川、乌鲁木齐等，不断以规模效应和集聚效应进一步推动产业的空间集中，发展以技术研发和投入为主的高端制造业和服务业，依托中心城市产业溢出效应带动周边城市产业联动发展，以产业为纽带促进西北地区城市群发展，促进关中、兰西、宁夏沿黄和乌昌石等城市群进一步发展壮大。其次，针对西北地区城市体系结构中城市规模增长差异较大的现实，在不断利用产业集聚促进大城市规模进一步增长的同时，要对其产业类型进行合理规划，防止出现大城市拥挤成本过度提升进而导致城市集聚力和竞争力下降的现象，对于劳动、土地等要素依赖程度较高的产业进行区域合理布局，逐步向周边中小城市转移，以此促进中小城市的规模扩张，有效改善西北地区城市体系规模结构中城市规模差距较大的状况。

第三，依托城市化综合进程，推动西北地区产业结构的高级化演进。首先，利用城市化发展带来的人口及其他经济要素集聚，在满足产业发展的基本要素需求的前提下，实现第二、第三产业的资源投入的合理配置，提升产业生产效率，并依托城市人口增长带来的市场规模扩张，以市场需求为导向，不断深化第二、第三产业分工，扩大第二、第三产业规模，同时在城市经济活动日益频繁的同时，逐步完善和规范市场体制和机制，提升经济主体的积极性，通过制度保障不断完善和推动西北地区产业和经济的发展；其次，合理规划城市化外延扩张和城市基础设施建设，利用兰州新区、西咸新区等新城区建设以及工矿业城市旧城区改造等机遇，合理布局城市产业区位，完善城市产业发展的外部环境，通过有效降低产业生产成本提升城市产业发展的竞争力，推动整体产业结构升级；再次，依托城市化发展中的人口流动及要素流动，不断吸引中、东部地区甚至国外资本、技术，并对外部区域的经济思维、市场观念加以吸收和利用，利用外部要素投入推动西北地区产业发展和产业结构高级化，尤其是抓住丝绸之路经济带建设的机遇，利用西北地区沿边区位优势，通过欧亚博览会、中阿经贸论坛、兰洽会等加强与欧亚国家的经济联系，依托全国和世界市场推动西北地区产业结构升级，同时利用区域自然风光奇特、少数民族众多等优势，依托当地优势发展地区特色产业，如旅游业、清真饮食业、民族特需用品加工业等，消除外来投资及贸易的区内竞争；最后，基于西北地区城市化发展中大城市和城市密集区规模增长较快的趋势，依托关中、兰西格、酒嘉玉等区域制造业集聚优势和西安、兰州、银川等区域中心城市科技教育资源集中优势，利用产业的集聚效应推动区域制造业进一步发展，以产学研结合为手段促进区域生产性服务业不断扩张，并以这些城市和区域为极点，通过产业转移和科技外溢等途径不断推动西北产业结构进一步向高级化演进，通过合理的城市规划和产业规划，合理布局城市产业类型，消除城市间产业类型趋同产生的区内竞争，形成区内产业联动发展的局面。

第四，充分发挥城市化空间外溢效应，提升西北地区整体产业层次。首先，由于城市化发展对产业升级的外溢效应存在空间距离阈值，决定了目前城市化经济对产业升级的外溢效应在城际间距离较小的城市密集区更为显著，所以需以西安、兰州等为中心的城市密集区域为龙头，以区域中心城市为极点，依托其雄厚的城市经济资源促进周边近距离城市的产业升级，同时针对西北地区地域广阔，部分区域城市间距离较大而无法共享城市化发展对产业升级外溢效应的现实，需进一步完善西北地区城市体系空间结构，着重发展分布在乌鲁木齐、西宁等区域中心城市周边的中小城市，将一些发展条件良好的县城逐步升格为小城市，一方面通过大城市产业转移和城市经济要素扩散等途径促进中小城市产业快速升级，另一方面可以实现区域中心城市较为宽松的外部环境从而发展新兴技术产业，防止中心城市不断吸聚周边城市要素支撑其落后产业，可以有效地提升区域整体产业层次。其次,注重城市化发展中其他结构性因素对产业升级的重要影响,依托城市化发展中的金融支撑、科技推动和基础设施建设为城市自身产业升级不断供给要素、提升效率和完善环境,同时还要依托城市化发展中结构性要素的空间外溢、共享和示范效应,提升周边城市和整体的产业层次,其中首要发挥金融市场及产品的外溢效应,发挥其空间溢出范围较广的优势,依托中心城市资本促进周边城市产业发展,不断提升城市产业层次,同时依托产业发展基础相对厚重的城市,利用其产业技术和产业基础设施优势,通过技术外溢和设施共享促进周边城市产业效率提升和产业成本下降。

第五,以工业化和城市化互促为基础,促进西北地区城市化发展与整体产业变迁不断深化。首先,依托西北地区大规模工业化进程,依托工业就业实现农村人口非农化转变,不断扩张城市人口规模,同时转变以重工业为主的工业结构,大力发展就业吸纳率较高的劳动密集型产业,提升工业就业吸纳率,进一步增强西北地区工业化进程对城市化发展的推动,同时利用城市化发展带来的资本、技术、市场等资源,依托西北地区良好的资源禀赋大力发展新能源开发利用、矿产深加工、农副产品加工等潜在优势工业,不断加速西北地区工业化进程;其次,依托工业发展带来的城市经济和人口集聚,积极发展物流业、金融业、通信业、商贸业、餐饮业等第三产业,提升城市就业吸纳率和丰富城市产业类型,促进西北地区城市集聚力和竞争力,同时增强城市化发展对第三产业的溢出效应,依托城市人才集聚优势,创新第三产业产品,发展电子商贸、文化旅游、创新金融等新兴服务业,提升西北地区第三产业规模和层次;最后,依托工业化进程的快速发展不断吸聚农村剩余劳动力,通过土地流转实现农业资源的整合和农业生产的集约化,利用工业化进程不断提升农业机械化和电气化程度,大力提升农业的生产效率,为城市化发展提供必需的生活资料和生产资料,进一步通过农业现代化程度的提升不断释放农村劳动力,直接带来城市人口规模扩张，同时以城市化发展中的人口城乡流动契机，将城市中先进的经济市场观念逐步推广至乡村地区，打破西北地区农业生产自给自足的自然经济形态，将商品化观念带入农业生产中，依托城市农产品需求规模庞大和多样化的特征，创新农业生产销售形式，如绿色农业、观光农业、农超对接等，不断以城市市场需求推动西北地区第一产业发展。

第六，协调产业变迁与城市化发展关系，实现西北地区产业与城市化的可持续发展。西北地区产业变迁与城市化发展的协调性较弱的现状直接影响了二者的互动关系，导致产业变迁和城市化发展相互促进的交互影响发挥有限，所以需进一步协调二者间的关系。由于西北五省区产业变迁和城市化发展协调程度各异，所以需从其薄弱环节入手，不断推动西北五省区产业变迁与城市化发展的协调程度。陕西的整体协调度较好，但需未来在产业发展过程中逐步转变对重化工业的依赖，加大就业吸纳率较高产业的投入力度，实现产业就业对城市化发展的推动；甘肃的整体协调程度较弱，同时功能、生态协调问题较为突出，未来需依托加大公共服务投入进一步培育城市功能，同时积极发展节能低耗产业和园林型城市，推动功能和生态进一步协调；青海整体的协调程度较低，其各方面的协调度均较弱，尤其以设施协调度明显较低，所以要以城市基础设施建设为途径，打造良好的经济发展和人居生活环境；宁夏综合协调程度发展迅速，但就业协调度大幅落后于其他四省区，未来在产业发展中要逐步转变煤炭、化工等为主的工业和产业结构，依托自然和民族特色大力发展旅游业、商贸业等第三产业，促进产业就业和城市人口增长；新疆的综合协调程度发展较为均衡，但其经济协调度较弱，就其地域广阔，产业分布相对分散的现实，未来需在产业发展中注重产业的进一步集聚，依托产业集聚不断推动城市经济增长，提升城市经济竞争力，从而进一步促进城市化和产业发展。

第三节 研究展望

对西北地区产业变迁与城市化发展的研究就此告一段落，但这并不意味着相关研究已经结束，这仅仅是其中的一个阶段或者是一个起点，未来相关研究存在很大的发展空间。

第一，产业变迁和城市化发展均为经济发展过程中的综合进程，对于二者的现有的研究仅从几个角度或指标进行分析，无法全面反映产业变迁和城市化发展的综合状况，同时在二者相互影响和协调性的分析中，其影响因素、影响途径和影响面较为广泛，虽可从相互间的直接影响分析中获得比较直观的结论，但二者间还可能存在间接影响，需通过制度经济学、社会学等多学科视角进行研究，本书中鉴于时间和精力的有限无法一一展开，这也是未来的相关研究的重要内容。

第二，伴随着数据精度和可获得性的提升，如人口数据、产业数据等更为精确和具体，相关研究可以从更准确的指标界定和更小的地域尺度对二者间影响进行深入的分析，相信可以得出更为具体的结论，研究的深入性也会因此而提升。

参考文献

[1] Anselin L., *Spatial Econometrics: Methods and Models*, Dordrecht, Netherlands: Kluwer, 1988.

[2] Auerbach F., "Das Gesetz der Bevolkerungskonzentration", *Petermanns Geographische Mitteilungen*, 1913 (59): 74-76.

[3] Berry B. and Smith K., City classification handbook, NewJersey: Wiley-Interscience, 1971.

[4] Berry B. J. L., "Cities as systems within systems of cities", *Papers in Regional Science*, 1964, (1): 147-163.

[5] Braunerhjelm P. and Johansson D., "The Determinants of Spatial Concentration: The Manufacturing and Service Sectors in an International Perspective", *Industry and Innovation*, 2003, 10 (1): 41-63.

[6] Button K. J. and Leitham S. and McQuaid R. W., et al., "Transport and Industrial and Commercial Location", *The Annals of Regional Science*, 1995, 29 (2): 189-206.

[7] Carlino G. A., "Productivity in Cities: Does City Size Matter", *Federal Reserve Bank of Philadelphia Business Review*, 1987, (6): 3-12.

[8] Carter R. A., "Innovation in Urban Systems: The Interrelationships Between Urban and National Economic Development", *The Annals of Regional Science*, 1988, 22 (3): 66-79.

[9] Chenery H. B. and Syrquin M. and Elkington H., *Patterns of Devel-*

opment, 1950 – 1970, London: Oxford University Press, 1975.

[10] Christaller W., *Central Places in Southern Germany*, London: Prentice – Hall, 1966.

[11] Clark C., *The Conditions of Economic Progress*, London: Macmillan, 1940.

[12] Cliff A. D. and Ord J. K., *Spatial Processes: Models & Applications*, London: Pion, 1981.

[13] Davies S. and Lyons B., *Industrial Organization in the European Union: Structure, Strategy, and the Competitive Mechanism*, OUP Catalogue, 1996.

[14] Dumais G. and Ellison G. and Glaeser E. L., "Geographic Concentration as a Dynamic Process", *Review of Economics and Statistics*, 2002, 84 (2): 193 – 204.

[15] Eberts D. and Randall J. E., "Producer Services, Labor Market Segmentation and Peripheral Regions: The Case of Saskatchewan", *Growth and Change*, 1998, 29 (4): 401 – 422.

[16] Elhorst J. P., "Applied Spatial Econometrics: Raising the Bar", *Spatial Economic Analysis*, 2010, 5 (1): 9 – 28.

[17] Ellison G. and Glaeser E., "Geographic Concentration as a Dynamic Process", *NBER Working Paper*, 1997 (6270).

[18] Engle R. F. and Granger C. W. J., "Co – integration and Error Correction: Representation, Estimation, and Testing", *Econometrica: Journal of the Econometric Society*, 1987, 55 (2): 251 – 276.

[19] Fay M. and Opal C., *Urbanization without Growth: A not so Uncommon Phenomenon*, Washington D. C. : World Bank Publications, 2000.

[20] Fisher A. G. B., "Production, Primary, Secondary and Tertiary", *Economic Record*, 1939, 15 (1): 24 – 38.

[21] Fisher W. D., "Econometric Estimation with Spatial Dependence", *Regional and Urban Economics*, 1971, 1 (1): 19 – 40.

［22］ Forslid R. and Ottaviano G. , "Trade and Location: Two Analytically Solvable Cases", *Mimeo*, 2001.

［23］ Fujita M. and Krugman P. R. and Venables A. J. , *The Spatial Economy: Cities, Regions, and International Trade*, Cambridge, MA: MIT Press, 2001.

［24］ Getis A. and Ord J. K. , "The Analysis of Spatial Association by Use of Distance Statistics", *Geographical Analysis*, 1992, 24 (3): 189 – 206.

［25］ Glaeser E. L. and Kolko J. and Saiz A. , "Consumer City", *Journal of Economic Geography*, 2001, (1): 27 – 50.

［26］ Gottmann J. , *Megalopolis: The Urbanized Northeastern Seaboard of the United States*, Cambridge, MA: MIT Press, 1964.

［27］ Haggett P. and Cliff A. D. and Frey A. , "Locational Analysis in Human Geography", *Tijdschrift Voor Economische En Sociale Geografie*, 1977, 68 (6) .

［28］ Henderson J. V. , *Urban Development: Theory, Fact, and Illusion*, London: Oxford University Press, 1988.

［29］ Henderson J. V. , "The Effects of Urban Concentration on Economic Growth", *National Bureau of Economic Research*, 2000.

［30］ Henderson J. V. , "The Sizes and Types of Cities", *The American Economic Review*, 1974, 64 (4): 640 – 656.

［31］ Henderson V. , "The Urbanization Process and Economic Growth: The So – what Question", *Journal of Economic Growth*, 2003, 8 (1): 47 – 71.

［32］ Hirsch W. Z. , *Urban Economic Analysis*, New York: McGraw – Hill, 1973.

［33］ Hirschman A. O. , "The Paternity of an Index", *The American Economic Review*, 1964, (6): 761 – 762.

［34］ Hirschman A. O. , *The Strategy of Economic Development*, New

Haven: Yale University Press, 1958.

[35] Hoffmann W, *The Pattern of Industrial Growth*, The Economics of Structural Change, 1931, 3: 3-37.

[36] Holmes T. J., "Localization of Industry and Vertical Disintegration", *Review of Economics and Statistics*, 1999, 81 (2): 314-325.

[37] Hoover E. M., *Location Theory and the Shoe Leather Industries*, Harvard University Press, 1937.

[38] Jacobs J., *The Economy of Cities*, New York: Vintage, 1970.

[39] Jaffe A. B. and Trajtenberg M. and Henderson R., "Geographic Localization of Knowledge Spillovers as Evidenced by Patent Citations", *National Bureau of Economic Research*, 1992.

[40] Jefferson M., "Why Geography? The Law of the Primate City", *Geographical Review*, 1989: 226-232.

[41] Kaldor N., "The Case for Regional Policies", *Scottish Journal of Political Economy*, 1970, 17 (3): 337-348.

[42] Krugman P. R., *Geography and Trade*, Cambridge, MA: MIT press, 1991.

[43] Krugman P., "First Nature, Second Nature, and Metropolitan Location", *Journal of Regional Science*, 1993, 33 (2): 129-144.

[44] Krugman P., "Increasing Returns and Economic Geography", *National Bureau of Economic Research*, 1990.

[45] Kuznets S. and Murphy J. T., *Modern Economic Growth: Rate, Structure, and Spread*, New Haven: Yale University Press, 1966.

[46] Kuznets S., *Economic Growth of Nations: Total Output and Production Structure*, Cambridge: Harvard University Press, 1972.

[47] LeGates R. and Stout F., *The City Reader*, London & New York: Routledge, 1996.

[48] LeSage J. P. and Pace R. K., *Introduction to Spatial Econometrics*, Boca Raton, US: CRC Press/Taylor & Francis, 2009: 20-44.

[49] Lewis W. A. , "Economic Development with Unlimited Supplies of Labour", *The Manchester School*, 1954, 22 (2): 139 – 191.

[50] Losch, A. , *The Economics of Location*, New Haven: Yale U. P, 1954.

[51] Lotka A. J. , *The Elements of Physical Biology*, Baltimore, MD: Williams & Wilkins, 1925.

[52] Martin P. and Rogers C. A. , "Industrial Location and Public Infrastructure", *Journal of International Economics*, 1995, 39 (3): 335 – 351.

[53] Michaels G. and Rauch F. and Redding S. , "Urbanisation and Structural Transformation", *The Quarterly Journal of Economics*, 2012, 127 (2): 535 – 586.

[54] Moran P A P, "Notes on Continuous Stochastic Phenomena", *Biometrika*, 1950, 37 (1 – 2): 17 – 23.

[55] Myrdal G, *Economic Theory and Under developed Regions*, London: Duckworth, 1957.

[56] Northam R. M. , Urban geography, New York: Wiley, 1975.

[57] Nurkse R. , "Some International Aspects of the Problem of Economic Development", *The American Economic Review*, 1952, 42 (2): 571 – 583.

[58] Perroux F. , "A Note on the Notion of Growth pole", *Applied Economy*, 1955, 1 (2): 307 – 320.

[59] Pflüger M. and Südekum J. , "Integration, Agglomeration and Welfare", *Journal of Urban Economics*, 2008, 63 (2): 544 – 566.

[60] Porter M. E. , *Competitive Advantage of Nations: Creating and Sustaining Superior Performance*, Simon and Schuster, 2011.

[61] Renaud B. , *National Urbanization Policy in Developing Countries*, London: Oxford University Press, 1981.

[62] Rosenstein – Rodan P. N. , "Problems of Industrialisation of East-

ern and South-eastern Europe", *The Economic Journal*, 1943, 53 (1): 202-211.

[63] Rotemberg J. J. and Saloner G., "Competition and Human Capital Accumulation: A Theory of Interregional Specialization and Trade", *Regional Science and Urban Economics*, 2000, 30 (4): 373-404.

[64] Stigler G. J., "The Division of Labor is Limited by the Extent of the Market", *The Journal of Political Economy*, 1951, 59 (3): 185-193.

[65] Sveikauskas L., "The Productivity of Cities", *The Quarterly Journal of Economics*, 1975, 89 (3): 393-413.

[66] Tabuchi T., "Urban Agglomeration and Dispersion: A Synthesis of Alonso and Krugman", *Journal of Urban Economics*, 1998, 44 (3): 333-351.

[67] Todaro M. P., "A model of Labor Migration and Urban Unemployment in Less Developed Countries", *The American Economic Review*, 1969, 59 (1): 138-148.

[68] Venables A. J., "Productivity in Cities: Self-selection and Sorting", *Journal of Economic Geography*, 2010, (6): 1-11.

[69] Yang X. and Rice R., "An Equilibrium Model Endogenizing the Emergence of a Dual Structure Between the Urban and Rural Sectors", *Journal of Urban Economics*, 1994, 35 (3): 346-368.

[70] Zipf G. K., *Human Behavior and the Principle of Least Effort*, London: Addison-Wesley Press, 1949.

[71] 安虎森、陈明:《工业化、城市化进程与我国城市化推进的路径选择》,《南开经济研究》2005年第1期。

[72] 安虎森、朱妍:《经济发展水平与城市化模式选择》,《求索》2007年第6期。

[73] 班茂盛、祁巍锋:《基于分形理论的浙江省城市体系规模结构

研究》,《中国人口科学》2005 年第 6 期。

[74] 鲍宗豪、李振:《区域社会发展与城市化进程的融合:深圳,珠海,浦东城市化进程的启示》,《社会科学》2000 年第 6 期。

[75] 蔡昉:《中国劳动力市场发育与就业变化》,《经济研究》2007 年第 7 期。

[76] 蔡孝箴:《城市经济学》,南开大学出版社 1998 年版。

[77] 陈昌兵、张平、刘霞辉等:《城市化、产业效率与经济增长》,《经济研究》2009 年第 10 期。

[78] 陈家海:《上海城市功能的进一步提升与重点发展产业的选择》,《上海经济研究》2008 年第 2 期。

[79] 陈明星、陆大道、查良松:《中国城市化与经济发展水平关系的国际比较》,《地理研究》2009 年第 2 期。

[80] 陈涛、刘继生:《城市体系分形特征的初步研究》,《人文地理》1994 年第 1 期。

[81] 陈彦光:《中国人口转变、城市化和产业结构演变的对应关系研究》,《地理研究》2010 年第 12 期。

[82] 陈勇、陈嵘、艾南山等:《城市规模分布的分形研究》,《经济地理》1993 年第 3 期。

[83] 陈桢:《产业结构与就业结构关系失衡的实证分析》,《山西财经大学学报》2007 年第 10 期。

[84] 褚劲风、高峰、马吴斌:《上海城市与创意产业园区协调发展研究》,《中国人口·资源与环境》2008 年第 6 期。

[85] 都沁军:《第三产业与城市化协调发展的对策研究》,《城市发展研究》2006 年第 5 期。

[86] 杜能:《农业和国民经济中的孤立国》,商务印书馆 1986 年版。

[87] 方创琳、宋吉涛、张蔷等:《中国城市群结构体系的组成与空间分异格局》,《地理学报》2005 年第 5 期。

[88] 冯云廷：《城市经济学》，东北财经大学出版社 2005 年版。
[89] 干春晖、余典范：《城市化与产业结构的战略性调整和升级》，《上海财经大学学报》2003 年第 4 期。
[90] 冈纳·缪尔达尔：《亚洲的戏剧——对一些国家的贫困问题的研究》，北京经济学院出版社 1992 年版。
[91] 高鸿鹰、武康平：《集聚效应，集聚效率与城市规模分布变化》，《统计研究》2007 年第 3 期。
[92] 高燕：《产业升级的测定及制约因素分析》，《统计研究》2006 年第 4 期。
[93] 葛立成：《产业集聚与城市化的地域模式——以浙江省为例》，《中国工业经济》2004 年第 1 期。
[94] 哈肯：《协同学：大自然构成的奥秘》，上海译文出版社 2005 年版。
[95] 韩峰、李玉双：《城市化与产业结构优化——基于湖南省的动态计量分析》，《南京审计学院学报》2010 年第 4 期。
[96] 何景熙、何懿：《产业—就业结构变动与中国城市化发展趋势》，《中国人口·资源与环境》2013 年第 6 期。
[97] 洪银兴：《城市功能意义的城市化及其产业支持》，《经济学家》2003 年第 2 期。
[98] 洪银兴、陈雯：《城市化和城乡一体化》，《经济理论与经济管理》2003 年第 4 期。
[99] 胡彬：《从工业化与城市化的关系探讨我国城市化问题》，《财经研究》2000 年第 8 期。
[100] 姜爱林：《城镇化、工业化与信息化的互动关系研究》，《经济研究参考》2002 年第 85 期。
[101] 李东光、郭凤城：《产业集群与城市群协调发展对区域经济的影响》，《经济纵横》2011 年第 8 期。
[102] 李逢春：《中国对外直接投资推动产业升级的区位和产业选择》，《国际经贸探索》2013 年第 2 期。

[103] 李金滟、宋德勇：《专业化，多样化与城市集聚经济——基于中国地级单位面板数据的实证研究》，《管理世界》2008年第2期。

[104] 李培祥、李诚固：《区域产业结构演变与城市化时序阶段分析》，《经济问题》2003年第1期。

[105] 李萍、谌新民：《迁入地就业容量与就业风险对劳动力流动的影响——以广东省为例》，《中国人口科学》2011年第2期。

[106] 李世杰、姚天祥、杨文新：《试论产业结构演变与城市化的关系——以兰州市为例》，《地域研究与开发》2004年第3期。

[107] 李铁立、李诚固：《区域产业结构演变的城市化响应及反馈机制》，《城市问题》2003年第5期。

[108] 李悦：《产业经济学》，中国人民大学出版社2004年版。

[109] 李仲生：《中国产业结构与就业结构的变化》，《人口与经济》2003年第2期。

[110] 梁琦：《空间经济学：过去、现在与未来——兼评〈空间经济学：城市、区域与国际贸易〉》，《经济学（季刊）》2005年第3期。

[111] 梁琦：《中国工业的区位基尼系数——兼论外商直接投资对制造业集聚的影响》，《统计研究》2003年第9期。

[112] 廖什：《经济空间秩序：经济财货与地理间的关系》，商务印书馆1995年版。

[113] 刘晓峰、陈钊、陆铭：《社会融合与经济增长：城市化和城市发展的内生政策变迁》，《世界经济》2010年第6期。

[114] 刘艳：《中国战略性新兴产业集聚度变动的实证研究》，《上海经济研究》2013年第2期。

[115] 刘艳军：《区域产业结构演变城市化响应形态的演化规律》，《人文地理》2011年第3期。

[116] 刘艳军、李诚固、王颖：《中国产业结构演变城市化响应强度的省际差异》，《地理研究》2010年第7期。

[117] 刘志彪：《以城市化推动产业转型升级——兼论"土地财政"在转型时期的历史作用》，《学术月刊》2010年第10期。

[118] 陆根尧、盛龙：《产业集聚与城市化互动发展机制研究：理论与实证》，《发展研究》2012年第10期。

[119] 马鹏、李文秀、方文超：《城市化、集聚效应与第三产业发展》，《财经科学》2010年第8期。

[120] 马仁锋、沈玉芳、刘曙华：《1949年以来工业化与城市化动力机制研究进展》，《中国人口·资源与环境》2010年第5期。

[121] 马歇尔：《经济学原理》，商务印书馆1964年版。

[122] 欧阳峣、生延超：《城市化水平与产业结构调整的内在互动机制》，《广州大学学报》（社会科学版）2006年第11期。

[123] 彭晖、韦荟：《城市功能与产业发展的耦合》，《科技创新与生产力》2011年第1期。

[124] 皮亚彬、薄文广、何力武：《城市区位、城市规模与中国城市化路径》，《经济与管理研究》2014年第3期。

[125] 秦宪文：《城市化与产业发展》，《山东师范大学学报》（人文社会科学版）2004年第1期。

[126] 饶会林：《城市经济学》，东北财经大学出版社1999年版。

[127] 申明浩、周林刚：《农民就业选择制约因素的实证研究》，《财经科学》2004年第1期。

[128] 苏雪串：《产业集群及其对城市化的影响》，《经济界》2003年第6期。

[129] 苏雪串：《城市化进程中的要素集聚，产业集群和城市群发展》，《中央财经大学学报》2004年第1期。

[130] 孙洪哲、刘琦：《城市化与产业集聚互动机制研究》，《中国青年政治学院学报》2011年第2期。

[131] 田明、王玉安：《我国城市化与就业结构偏差的比较分析》，《城市问题》2010年第2期。

[132] 田雪原：《人口城市化驱动消费需求效应研究》，《中国人口科学》2000年第2期。

[133] 瓦尔特·艾萨德：《区域科学导论》，高等教育出版社1991年版。

[134] 万勇：《城市化驱动居民消费需求的机制与实证——基于效应分解视角的中国省级区域数据研究》，《财经研究》2012年第6期。

[135] 王春超：《农民工流动就业决策行为的影响因素——珠江三角洲地区农民工就业调查研究》，《华中师范大学学报》（人文社会科学版）2011年第2期。

[136] 王可侠：《产业结构调整，工业水平升级与城市化进程》，《经济学家》2012年第9期。

[137] 王青、姚丽、陈志刚：《城市产业结构与用地结构协调发展研究——以江苏省为例》，《现代城市研究》2013年第7期。

[138] 王世营、蔡军：《产业集群对中小城市空间形态的影响研究——以长江三角洲地区中小城市为例》，《城市规划》2006年第7期。

[139] 王小鲁：《中国城市化路径与城市规模的经济学分析》，《经济研究》2010年第10期。

[140] 王晓君、刘爱芝：《山东省产业结构与就业结构协调发展研究》，《山东社会科学》2006年第8期。

[141] 韦伯：《工业区位论》，商务印书馆2009年版。

[142] 吴丰林、方创琳、赵雅萍：《城市产业集聚动力机制与模式研究的PAF模型》，《地理研究》2011年第1期。

[143] 吴丰林、方创琳、赵雅萍：《城市产业集聚动力机制与模式研究进展》，《地理科学进展》2010年第10期。

[144] 吴福象、沈浩平：《新型城镇化，基础设施空间溢出与地区

产业结构升级——基于长三角城市群 16 个核心城市的实证分析》,《财经科学》2013 年第 7 期。

[145] 吴华安、杨云彦:《中国农民工"半城市化"的成因、特征与趋势：一个综述》,《西北人口》2011 年第 4 期。

[146] 吴学花、杨蕙馨:《中国制造业产业集聚的实证研究》,《中国工业经济》2004 年第 10 期。

[147] 谢晶晶、罗乐勤:《城市化对投资和消费需求的拉动效应分析》,《改革与战略》2004 年第 3 期。

[148] 谢文蕙:《城市经济学》,清华大学出版社 1996 年版。

[149] 许抄军、赫广义、江群:《中国城市化进程的影响因素》,《经济地理》2013 年第 11 期。

[150] 许学强:《我国城镇规模体系的演变和预测》,《中山大学学报》(哲学社会科学版) 1982 年第 3 期。

[151] 许学强、周一星、宁越敏:《城市地理学》,高等教育出版社 1997 年版。

[152] 许学强、周一星、宁越敏:《城市地理学》,高等教育出版社 1997 年版。

[153] 杨立勋、姜增明:《产业结构与城镇化匹配协调及其效率分析》,《经济问题探索》2013 年第 10 期。

[154] 杨小凯、张永生:《新兴古典发展经济学导论》,《经济研究》1999 年第 7 期。

[155] 杨晓猛:《转型国家市场化进程测度的地区差异分析——基于产业结构调整指标的设计与评价》,《世界经济研究》2006 年第 1 期。

[156] 杨晓云:《三峡库区产业结构与就业结构匹配度及协调发展研究——基于 2000 - 2008 年数据分析》,《农业现代化研究》2010 年第 3 期。

[157] 杨宜勇:《城市化创造就业机会与城市就业空间分析》,《管理世界》2000 年第 2 期。

[158] 叶裕民:《中国城市化的制度障碍与制度创新》,《中国人民大学学报》2001 年第 5 期。

[159] 殷广卫:《空间经济学对称核心 - 边缘模型解读》,《西南民族大学学报》(人文社科版) 2008 年第 8 期。

[160] 应焕红:《加快产业集聚大力推进城市化进程——对浙江省温岭市城市化与产业集聚良性互动的案例分析》,《中共杭州市委党校学报》2002 年第 4 期。

[161] 喻桂华、张春煜:《中国的产业结构与就业问题》,《当代经济科学》2004 年第 5 期。

[162] 袁海:《包含制度因素的我国城市化动力机制的实证分析》,《首都经济贸易大学学报》2004 年第 2 期。

[163] 曾芬钰:《论城市化与产业结构的互动关系》,《经济纵横》2002 年第 10 期。

[164] 曾令华、江群、黄泽先:《非农就业增长与城市化进程相关性分析》,《经济体制改革》2007 年第 1 期。

[165] 战炤磊:《产业发展与人口就业协调共进研究——以江苏为例》,《人口与发展》2008 年第 3 期。

[166] 张敦富:《区域经济学原理》,中国轻工业出版社 1991 年版。

[167] 张魁伟:《产业结构与城市化、区域经济的协调发展》,《经济学家》2004 年第 4 期。

[168] 张启春、汤学兵:《人口迁移,就业机会与基本公共服务的实证研究——以湖北迁出人口为例》,《统计与决策》2008 第 16 期。

[169] 张翔:《兰州市城市化与产业结构协调发展研究》,《西北师范大学学报》(自然科学版) 2012 年第 6 期。

[170] 张晓棠:《陕西省城市化与产业结构协调发展水平研究》,《经济与管理》2005 年第 1 期。

[171] 张晓棠、宋元梁、荆心:《基于模糊评价法的城市化与产业结构耦合研究——以陕西省为例》,《经济问题》2010 年第

1 期。
［172］赵静、焦华富、宣国富：《安徽省城市体系等级规模结构特征及其调整》，《长江流域资源与环境》2005 年第 5 期。
［173］赵磊、王永刚、张雷：《江苏旅游规模差异及其位序规模体系研究》，《经济地理》2011 年第 9 期。
［174］赵淑玲、曹康：《产业集群与城市化关系问题研究》，《河南社会科学》2005 年第 2 期。
［175］钟水映、胡晓峰：《对中国城市化发展水平滞后论的质疑》，《城市问题》2003 年第 1 期。
［176］周彬学、戴特奇、梁进社等：《基于分形的城市体系经济规模等级演变研究》，《地理科学》2012 年第 2 期。
［177］周一星：《城市地理学》，商务印书馆 1995 年版。
［178］周一星：《城市地理学》，商务印书馆 1995 年版。
［179］周振华：《产业政策的经济理论系统分析》，中国人民大学出版社 1991 年版。
［180］朱智文：《基于产业集聚的城市化和城市化过程中的产业集聚》，《开发研究》2007 年第 6 期。